**Atividades e esportes
de aventura na escola**

Atividades e esportes de aventura na escola

Emerson Liomar Micaliski
Erick Doner Santos de Abreu Garcia
Giuliano Gomes de Assis Pimentel
Marcos Ruiz da Silva
Mayara Torres Ordonhes

Rua Clara Vendramin, 58 • Mossunguê • CEP 81200-170 • Curitiba • PR • Brasil
Fone: (41) 2106-4417 • www.intersaberes.com • editora@intersaberes.com

Conselho editorial
Dr. Alexandre Coutinho Pagliarini
Dr.ª Elena Godoy
Dr. Neri dos Santos
M.ª Maria Lúcia Prado Sabatella

Editora-chefe
Lindsay Azambuja

Gerente editorial
Ariadne Nunes Wenger

Assistente editorial
Daniela Viroli Pereira Pinto

Preparação de originais
Letra & Língua Ltda.

Edição de texto
Arte e Texto

Capa
Luana Machado Amaro (*design*)
Andrew Angelov/Shutterstock (imagem)

Projeto gráfico
Luana Machado Amaro

Diagramação
Will Amaro

***Designer* responsável**
Charles L. da Silva

Iconografia
Maria Elisa de Carvalho Sonda
Regina Claudia Cruz Prestes

Dados Internacionais de Catalogação na Publicação (CIP)
(Câmara Brasileira do Livro, SP, Brasil)

Atividades e esportes de aventura na escola / Emerson Liomar Micaliski...[et al.]. Curitiba, PR: InterSaberes, 2024. (Série corpo em movimento)

Outros autores: Erick Doner Santos de Abreu Garcia, Giuliano Gomes de Assis Pimentel, Marcos Ruiz da Silva e Mayara Torres Ordonhes
Bibliografia.
ISBN 978-85-227-1438-4

1. Educação física 2. Esportes radicais I. Micaliski, Emerson Liomar. II. Garcia, Erick Doner Santos de Abreu. III. Pimentel, Giuliano Gomes de Assis. IV. Silva, Marcos Ruiz da. V. Ordonhes, Mayara Torres. VI. Série.

24-204524   CDD-796.5

Índices para catálogo sistemático:
1. Esportes radicais 796.5

Cibele Maria Dias - Bibliotecária - CRB-8/9427

1ª edição, 2024.

Foi feito o depósito legal.

Informamos que é de inteira responsabilidade dos autores a emissão de conceitos.

Nenhuma parte desta publicação poderá ser reproduzida por qualquer meio ou forma sem a prévia autorização da Editora InterSaberes.

A violação dos direitos autorais é crime estabelecido na Lei n. 9.610/1998 e punido pelo art. 184 do Código Penal.

Sumário

Apresentação • 9
Como aproveitar ao máximo este livro • 13

Capítulo 1
Dimensões sócio-históricas das atividades e dos esportes de aventura • 19

1.1 Aspectos conceituais de atividade e esporte de aventura • 23
1.2 O risco como mobilizador das práticas de aventura • 29
1.3 As práticas de aventura e a transposição para a consciência ambiental • 34
1.4 Turismo de aventura: valorização econômica da prática • 39
1.5 Formação do profissional para atuar com atividades e esportes de aventura • 46

Capítulo 2
Gestão das atividades e dos esportes de aventura • 59

2.1 Gestão do risco nas atividades de aventura • 62
2.2 Cadeia produtiva do esporte e turismo de aventura • 69
2.3 Planejamento e organização de práticas e esportes de aventura • 75

2.4 Treinamento experiencial na natureza • 82
2.5 Gerenciamento do treinamento em atletas de aventura • 87

Capítulo 3
As práticas de aventura na perspectiva transdisciplinar • 101

3.1 A importância do movimento • 104
3.2 Desenvolvendo habilidades por meio de atividades ao ar livre no recreio escolar • 105
3.3 Aprendendo por meio de modalidades de aventura • 108
3.4 Gerenciando riscos, benefícios e segurança • 109
3.5 Ambivalência pedagógica • 111
3.6 Recomendações didáticas para esportes escolares • 113
3.7 Olhando além da Educação Física • 114
3.8 Esportes de aventura: igualdade de acesso a esportes exclusivos • 115
3.9 Integração por meio dos esportes de aventura • 116
3.10 A transdisciplinaridade e os esportes de aventura • 117
3.11 Além do futebol e do vôlei • 118
3.12 Aprender com a aventura: habilidades que podem ser ensinadas fora da sala de aula • 121
3.13 A influência do ambiente: uma experiência finlandesa • 123
3.14 Razões para incluir os esportes de aventura na escola • 124

Capítulo 4
Atividades e esportes de aventura acessíveis • 131

4.1 Conceitos iniciais e objetivos • 134
4.2 Deficiência visual • 141

4.3 Deficiência física • 145
4.4 Outras condições intelectuais e neurobiológicas • 148
4.5 Idosos • 153

Capítulo 5
Práticas de aventura e suas características • 161

5.1 Mergulho • 168
5.2 Montanhismo • 170
5.3 Corrida de aventura • 177
5.4 *Trekking* • 180
5.5 Modalidades *off road* • 182

Capítulo 6
Práticas corporais de aventura no âmbito escolar • 191

6.1 Contextualização das atividades de aventura na escola • 194
6.2 Aventura na escola e o desenvolvimento de competências e habilidades corporais • 199
6.3 Jogos e brincadeiras de aventura • 204
6.4 Temas contemporâneos transversais • 210
6.5 Metodologias de ensino das atividades e dos esportes de aventura na escola • 218

Considerações finais • 233
Lista de siglas • 239
Referências • 241
Bibliografia comentada • 257
Respostas • 259
Sobre os autores • 261

Apresentação

Em um mundo em constante movimento, onde a busca por experiências autênticas e emocionantes se tornou bastante explorada, os esportes e as atividades de aventura emergem como uma forma compartilhada por aqueles que buscam desafios, superação e uma conexão profunda com a natureza. Tais experiências são previstas nas diretrizes curriculares da educação básica de ensino, indicando que professores de Educação Física ofereçam aos seus alunos diferentes possibilidades de exploração das emoções, dos riscos e das recompensas por meio de atividades e esportes de aventura no contexto escolar. Nesse sentido, esta obra visa explorar o universo das atividades e dos esportes de aventura na escola a partir de diferentes aspectos que, juntos, podem contribuir para a intervenção do profissional de Educação Física, seja nos próprios estabelecimentos de ensino, seja em ambientes urbanos ou na natureza.

No Capítulo 1, apresentamos um panorama sobre as atividades e os esportes de aventura na natureza, articulando subsídios que permitem contextualizar essas práticas em diversos cenários e com distintos olhares. Para isso, elegemos alguns temas, como os aspectos conceituais da atividade e do esporte de aventura; o risco relacionado às práticas de aventura; a valorização econômica; as práticas de aventura e a transposição para a consciência ambiental; e a formação do profissional para atuar com atividades e esporte de aventura.

No Capítulo 2, tratamos da gestão das atividades e dos esportes de aventura, com especial atenção à gestão dos riscos nas atividades de aventuras; ao conhecimento da cadeia produtiva do esporte e do turismo de aventura em diferentes instalações; ao planejamento e à organização de práticas e esportes de aventura; ao treinamento experiencial na natureza; e ao gerenciamento do treinamento em atletas de aventura.

No Capítulo 3, dialogamos sobre as práticas de aventura sob o olhar transdisciplinar, explorando a importância do movimento, do desenvolvimento de habilidades por meio de atividades ao ar livre no recreio escolar, do aprendizado por meio de modalidades de aventura, assim como do gerenciamento de riscos, benefícios e segurança. Ainda, exploramos questões sobre ambivalência pedagógica, recomendações didáticas para esportes escolares, igualdade de acesso a esportes exclusivos, integração por meio dos esportes de aventura, habilidades que podem ser ensinadas fora da sala de aula, influência do ambiente, razões para incluir os esportes de aventura na escola, entre outras.

No Capítulo 4, voltamos nossa atenção às atividades e aos esportes de aventura acessíveis. Iniciamos apresentando alguns conceitos importantes para a área da educação física adaptada e inclusiva, além de abordarmos as características das deficiências visual, física e intelectual e as características dos idosos. Por fim, realizamos uma aproximação das características desses grupos com algumas possibilidades de atividades a serem desenvolvidas nos esportes de aventura sob uma perspectiva universal.

No Capítulo 5, iniciamos apresentando algumas características das práticas de aventura, evidenciando que tais práticas podem ocorrer em ambientes desafiadores, em que os aspectos relacionados à imprevisibilidade, à espontaneidade, ao risco e às emoções aparecem como protagonistas. Ainda, identificamos algumas propostas de modalidades, como o mergulho, o montanhismo, a corrida de aventura, o *trekking*, o enduro e o *rally* de regularidade.

Por fim, no Capítulo 6, abordamos diferentes concepções das atividades e dos esportes de aventura na escola por meio da reflexão das práticas corporais (com vertente urbana ou na natureza) enquanto ampliação das possibilidades de propostas curriculares. Para isso, apresentamos os documentos referentes às diretrizes nacionais para compreender os indicativos daquilo que se espera que o professor ensine e do que o aluno deve aprender. A partir da compreensão dos documentos norteadores da educação básica, exploramos a inserção das práticas corporais de aventura como unidade temática da Educação Física e o desenvolvimento de competências e habilidades para ampliação da consciência dos movimentos corporais, sociais e culturais.

Como aproveitar ao máximo este livro

Empregamos nesta obra recursos que visam enriquecer seu aprendizado, facilitar a compreensão dos conteúdos e tornar a leitura mais dinâmica. Conheça a seguir cada uma dessas ferramentas e saiba como estão distribuídas no decorrer deste livro para bem aproveitá-las.

Introdução do capítulo

Logo na abertura do capítulo, informamos os temas de estudo e os objetivos de aprendizagem que serão nele abrangidos, fazendo considerações preliminares sobre as temáticas em foco.

> O risco mobiliza as emoções nas práticas de aventura, conforme vimos no capítulo anterior. Também já identificamos que há potencial para atuação profissional tanto no campo escolar quanto na preparação de atletas ou na condução das atividades no contexto do turismo de aventura. Enfim, as diferentes mobilidades de aventura são fonte para trabalhos qualificados em relação às dimensões recreativa, profissional (alto rendimento) e educacional do esporte.

Curiosidade

Nestes boxes, apresentamos informações complementares e interessantes relacionadas aos assuntos expostos no capítulo.

Importante!

Algumas das informações centrais para a compreensão da obra aparecem nesta seção. Aproveite para refletir sobre os conteúdos apresentados.

Para saber mais

Sugerimos a leitura de diferentes conteúdos digitais e impressos para que você aprofunde sua aprendizagem e siga buscando conhecimento.

Síntese

Ao final de cada capítulo, relacionamos as principais informações nele abordadas a fim de que você avalie as conclusões a que chegou, confirmando-as ou redefinindo-as.

Indicações culturais

Para ampliar seu repertório, indicamos conteúdos de diferentes naturezas que ensejam a reflexão sobre os assuntos estudados e contribuem para seu processo de aprendizagem.

Atividades de autoavaliação

Apresentamos estas questões objetivas para que você verifique o grau de assimilação dos conceitos examinados, motivando-se a progredir em seus estudos.

Atividades de aprendizagem

Aqui apresentamos questões que aproximam conhecimentos teóricos e práticos a fim de que você analise criticamente determinado assunto.

Bibliografia comentada

Nesta seção, comentamos algumas obras de referência para o estudo dos temas examinados ao longo do livro.

Capítulo 1

Dimensões sócio-históricas das atividades e dos esportes de aventura

Marcos Ruiz da Silva

As atividades e os esportes de aventura na natureza têm sido motivo para o debate acadêmico, o qual tem produzido discussões que auxiliam na melhor compreensão dos aspectos motivacionais, entre outros temas, que levam as pessoas a entrarem em contato com essas práticas corporais.

Da mesma forma, a indústria que fornece equipamentos, serviços e outros insumos para propiciar aos praticantes conforto, segurança e novas emoções procura seguir as tendências de consumo que o mercado indica para atender às expectativas e aos desejos do público consumidor.

Na mesma direção, entidades públicas e não governamentais têm procurado compreender o cenário das atividades e do esporte de aventura na natureza com o objetivo de contribuir para que os sujeitos que se lançam a aventurar-se possam contar com normas, estruturas, orientações, entre outros fatores, que lhes ajudem a preservar sua integridade – física, emocional e social – quando estiverem em contato com esse meio, além de ajudar a garantir que consigam encontrar o que esperam com essas experiências.

Assim, neste capítulo, apresentaremos um panorama sobre as atividades e os esportes de aventura na natureza, articulando subsídios que permitam contextualizar essas práticas em diversos cenários e com distintos olhares. Para isso, elegeremos alguns temas. Entre eles, abordaremos os aspectos conceituais da atividade e do esporte de aventura por meio da demonstração das diversas formas de analisar e dar tratamento a esse objetivo.

Outro assunto que será discutido é a constituição de elementos que funcionam como "mola propulsora", motivação, para que as pessoas, incluindo crianças e idosos, sintam-se atraídas pelo conjunto diversificado de práticas corporais de aventura na natureza. Para isso, debateremos sobre o risco como mobilizador das práticas de aventura.

As atividades e os esportes de aventura na natureza também são vistos por alguns segmentos do mercado como um produto. Em particular, o turismo tem se destacado na oferta de roteiros que levam os turistas aos lugares mais diversos para vivenciarem essas experiências. Nesse sentido, trataremos sobre o turismo de aventura e a valorização econômica dessa prática para ajudar na melhor compreensão sobre o assunto.

Não é incomum nos depararmos com alguns discursos que argumentam haver a transposição de conhecimentos e atitudes adquiridos ao praticar essas atividades para outras esferas da vida social – em particular, para o desenvolvimento de uma consciência ambiental. Assim, para compreender melhor como isso se processa, abordaremos as práticas de aventura e a transposição para a consciência ambiental, trazendo subsídios interessantes sobre o assunto.

Considerando que acreditamos haver a necessidade de a sociedade contar com um profissional com capacidade técnica e compromisso na área em questão, trataremos da formação do profissional para atuar com atividades e esporte de aventura.

Agora, convidamos vocês para se "aventurarem" nessa descoberta, a fim de encontrarem os diversos caminhos que podem nos levar a atividades e esportes de aventura.

1.1 Aspectos conceituais de atividade e esporte de aventura

Apesar de não pretendermos aqui tratar da gênese de práticas esportivas ou atividades ligadas à aventura na natureza nem mesmo desenhar uma linha do tempo sobre sua origem, é necessário destacar que o ser humano, em diferentes civilizações ou épocas, buscou o contato com o meio não urbano para satisfazer as necessidades que não estivessem na base da pirâmide de Maslow, como a sobrevivência, por exemplo.

Mesmo com todo o cuidado de não confundirmos aquelas práticas que nossos antepassados vivenciavam com as difundidas em nosso tempo, é fundamental reconhecer que o contato do ser humano com a natureza, ligado à busca por emoções, precede o que conhecemos atualmente.

Ao nos inserirmos no universo das práticas ligadas à aventura na natureza – ou em outro ambiente –, vamos nos deparar com distintas abordagens sobre o tema. Isso, de certa forma, influencia a maneira como profissionais, estudiosos e mesmo praticantes desse tipo de atividade se relacionam com esse objeto.

Assim, encontramos diversas propostas sobre as atividades de aventura e, com isso, delimitações e abrangências na forma de interpretar o objeto. Nessa linha de raciocínio, encontramos as atividades físicas de aventura na natureza (Afan), as práticas corporais de aventura, os esportes radicais, os esportes na natureza, os esportes de ação, entre outras abordagens. As características de cada uma dessas abordagens podem conter elementos que se aproximam, mas também pode haver aquelas que são bem distintas em relação às outras. No entanto, alguns adjetivos recorrentes, independentemente da forma de abordagem, na associação com esse tipo de atividade, são: risco, vertigem e aventura (Pimentel, 2013).

Apesar de algumas práticas corporais na natureza serem chamadas de *esporte*, por vezes isso é questionável, mesmo sendo bastante comum a algumas pessoas, geralmente leigas, praticantes de alguma atividade nesse contexto – por exemplo, o *arvorismo*. O mesmo ocorre no caso de associação dessas atividades à ideia de turismo de aventura.

Apesar de podermos considerar que, para o praticante esporádico, eventual, de atividades consideradas de aventura na natureza – independentemente da definição que os estudiosos e profissionais utilizam –, não haverá alteração em sua forma de se relacionar com a experiência, é necessário para o profissional situar e reconhecer que cada grupo de práticas apresenta particularidades, e a forma como cada um desses grupos são tratados interfere diretamente na oferta dos programas disponibilizados aos diferentes públicos, com suas necessidades e expectativas muito distintas.

Afirmamos isso porque um grupo de práticas esportivas de aventura na natureza, por exemplo, está subordinado a um regulamento que determina a maneira como esse indivíduo deve praticar a atividade, está centrado na *performance* do praticante ou atleta, a ludicidade da experiência é subordinada pela seriedade, a competição é eminente, entre outros fatores. Isso, de certa forma, inibe que a vivência do sujeito esteja ligada a outros aspectos, como a contemplação, a fruição estética da natureza, a cooperação, a sensibilidade ecológica etc. (Dias, 2007).

Apesar de reconhecermos que existem elementos familiares entre o esporte e a atividade na natureza, há particularidades inerentes a cada prática que, muitas vezes, são opostas. É o caso, por exemplo, da prática do *bump-jump*, que, apesar de ter como característica a radicalidade, o objetivo central do praticante é a experiência, o desafio de superar seus medos ou a vontade de experimentar sensações com alta dose de adrenalina. Nesse caso, diferente do universo do esporte, a preocupação com resultados e comparações com outros praticantes não entram no âmbito da formalidade.

Assim, ao reconhecermos as particularidades dessas práticas com adjetivações como *esportiva*, *turística* ou *radical*, faz-se necessário levar em conta sua natureza e o sentido prático atribuído.

De maneira resumida, somente é possível atribuir como esporte as experiências corporais de aventura na natureza que são eminentemente competitivas e organizadas, planejadas, por entidades de administração do esporte, como ligas, federações e confederações. Nessa mesma linha, as atividades de aventura na natureza são aquelas cuja configuração está na liberdade de prática, sem a necessidade de se enquadrar em regulamentos que determinam a como a pessoa usufrui da atividade, mas que privilegiam a livre participação.

Quanto à identificação de uma atividade de aventura na natureza, uma das características mais comuns é a associação com os elementos que estabelecem o local em que é praticada: terra, água e ar. Para os estudiosos, a experiência corporal de aventura na natureza ocorre por intermédio do local em que a atividade é praticada. Por essa razão, há as atividades de natureza aquática, como boia-cross; *rafting* e *canoing*, as atividades de natureza terrestre, como a escalada, o *trekking*, o montanhismo, entre outras; e as atividades aéreas, como o paraquedismo, o voo de asa delta e o balonismo.

A ligação da atividade de aventura na natureza com o local em que é realizada não concorre com questões de caráter conceitual, mas auxilia a enxergar as inúmeras possibilidades de experiências relacionadas às atividades e aos esportes de aventura na natureza. No entanto, é necessário destacar que a aventura acontece por intermédio de uma interação não usual entre um ou mais tipos de ambientes. Caso contrário, incorreríamos no erro de utilizarmos o termo *aventura* de modo generalizado, atribuindo, por exemplo, a ideia de aventura a uma corrida de rua, a uma partida de voleibol, a uma competição de natação, entre outras práticas habituais. Da mesma forma, seria possível confundir as experiências relacionadas às atividades ou aos esporte na natureza com as sensações associadas à aventura vividas por intermédio de novas tecnologias, como os jogos virtuais no sofá de casa.

Apesar de não desconsiderar que o termo *natureza* poderia ser alvo de melhor descrição analítica, traduzindo essencialmente a que natureza nos remetemos ao tratar das atividades e dos esportes de aventura na natureza, de modo prático, consideramos como ambiente de prática aquele no qual não houve alteração do homem, como matas, rios, lagos, bem como os meios rurais e os parques com grandes áreas de preservação da vegetação. Essa caracterização, apesar de ter um caráter sumário, permite reconhecer o local de prática. Dessa forma, fazer uma travessia em mar aberto está mais próximo de uma atividade de aventura do que realizar uma maratona aquática em uma piscina.

Estão ligados à concepção de atividade e esporte de aventura na natureza, de maneira mais acentuada do que em outras práticas corporais, a imprevisibilidade, a disposição do praticante ao risco – controlado –, a busca por emoções e o contato com a natureza (Dias, 2007).

Vale ressaltar que, apesar de o tema aqui referir-se especificamente à aventura na natureza, no meio urbano há a possibilidade de propor experiências semelhantes àquelas vividas nas matas e montanhas. Como exemplo, podemos citar a prática de rapel em edifícios, o *parkour*, a orientação em meio urbano, o *geocaching* – uma busca por objetos, locais, monumentos, em locais públicos, utilizando o Sistema Global de Posicionamento (GPS, do inglês *Global Positioning System*). Essas atividades também figuram práticas não usuais, com certa imprevisibilidade e a ideia de risco – controlado.

Existe uma diferença bem marcada entre atividades e esportes na natureza e no meio urbano. Mesmo que ambos apresentem subjetividades muito similares quanto às experiências pessoais, no ambiente urbano, as aventuras estão mais propícias à domesticação, à redução da imprevisibilidade – por exemplo, a criação de parques de *le parkour* e o reconhecimento das normas de trânsito e da obviedade do trajeto a percorrer – calçadas, ruas, praças – em uma prova de orientação.

Seguindo essa linha de raciocínio, compreendemos que o termo mais adequado para analisar e reconhecer essas práticas é **aventura *na* natureza**. Isso porque a atividade e o esporte são ***na*** natureza, e não ***da*** natureza. O homem é quem determina o meio em que realizará sua experiência corporal.

A temática ligada a atividades e esportes de aventura na natureza vem ganhando destaque no meio acadêmico, como objeto de discussão de estudiosos de diferentes áreas, como educação física, turismo, administração, psicologia, entre outras.

O aumento de discussões e de práticas em todo o território nacional contribuiu para que o Ministério da Educação (MEC) reconhecesse esse assunto como essencial na formação dos estudantes da educação básica, de modo que o inseriu como um conteúdo curricular das práticas corporais, ao lado de outros conteúdos tradicionais, como os jogos, as lutas, as ginásticas e os esportes.

A unidade temática "práticas corporais de aventura" na escola pretende explorar: "expressões e formas de experimentação corporal centradas nas perícias e proezas provocadas pelas situações de imprevisibilidade que se apresentam quando o praticante interage com um ambiente desafiador" (Brasil, 2017a, p. 214).

Essa preocupação no âmbito educacional demonstrada pelo MEC leva-nos a crer que há um conjunto de saberes, competências e habilidades distintos das outras vivências corporais e que requerem novas aprendizagens. Essa diferença está ligada às especificidades da prática, como a exploração das "incertezas que o ambiente físico cria para o praticante na geração da vertigem e do risco controlado" (Brasil, 2017a, p. 2014).

O crescente interesse pelo aumento no número de pessoas praticando as atividades e esportes de aventura na natureza tem mobilizado profissionais, empresas privadas e órgãos públicos a pensarem sobre um conjunto de fatores que estão envolvidos nesse cenário, como a gestão de risco.

A exemplo disso, entidades do terceiro setor, como a Associação Brasileira das Empresas de Ecoturismo e Turismo de Aventura (Abeta), têm surgido com o propósito de discutir o assunto, analisar o cenário e propor alternativas de qualificação, de normas de segurança, entre outros fatores.

É preciso entender que a forma como alguns conceitos são estabelecidos interferem na maneira como lidamos com determinados objetos, sua concepção, seus limites e as abrangências das práticas. Nessa direção, analisar o contexto em que a atividade está inserida, os interesses e as expectativas das pessoas, o propósito da oferta, entre outros fatores, sem, no entanto, descaracterizar as particularidades existentes no núcleo dessas atividades, é um caminho para adequar cada segmento, cada especificidade, às possibilidades experenciais dos indivíduos.

1.2 O risco como mobilizador das práticas de aventura

Este tópico tem como propósito discutir um dos eixos centrais de atividades e esportes de aventura na natureza: o risco. Nesse sentido, compreende-se o risco como uma dimensão positiva, que age como aspecto impulsionador, mobilizador da aventura.

As atividades e os esportes de aventura na natureza têm sido explorados por diversos segmentos da sociedade, como empresas de turismo, hotéis de lazer, entidades de administração do esporte (ligas, federações e confederações), empresas de treinamentos corporativos, órgãos governamentais, por meio de políticas que incentivam, especificamente pelo olhar do turismo, a identificação do Brasil como propício para as atividades de risco, entre outros. Cada segmento traz em seu discurso a ideia do binômio *risco-aventura*. Nesse caso, a conexão entre esses termos tem como princípio valorizar a ideia de ousadia, de descoberta, essencial nesse contexto.

Entretanto, há outras associações relacionadas ao risco, como o sentido atribuído à aventura na natureza. Os esportes considerados radicais, como o *skate*, também operam no campo do risco, mas sua experiência está mais próxima de atingir limites extremos, radicais – podemos chamar também de *não usuais* –, na *performance* do que levar o sujeito a sensações de imprevisibilidade provocadas pelo desconhecido.

Em ambos os casos, atividades ou esportes radicais e atividades ou esportes de aventura, o risco está dentro de uma perspectiva disciplinada, controlada. Essa busca por excitação não pode ser confundida com a busca por emoção exacerbada pelo uso de drogas (lícitas ou ilícitas) ou mesmo pela transgressão de aspectos normativos da sociedade, como o descumprimento das leis de trânsito ou qualquer outra forma (Spink; Aragaki; Alves, 2005).

Existem diversas formas interpretativas para o risco. Com vistas a tratar especificamente da perspectiva de aventura, Spink (2001) propõe discutir o assunto por meio dos estudos de Roger Caillois (2017), que apresenta um modelo teórico sobre o conceito de jogo. Segundo a teoria proposta por esse autor, há duas dimensões na compreensão de jogo que estabelecem uma intersecção entre si: diferentes formas ou modalidades de jogos e o grau de disciplina existente.

Isso é demonstrado nas quatro modalidades básicas de jogos, em que cada uma demonstra diferentes níveis de regramento e espontaneidade, sendo: competição (*agôn*); chance (*alea*); simulacro (*mimicry*); e vertigem (*ilinx*). Na visão do autor, a forma mais primitiva é chamada de *paidia*, a qual representa uma forma menos socializada dos jogos, como as brincadeiras de infância; já a forma entendida por ele como *ludus* é mais regrada, disciplinada, apreendida pelas convenções sociais de convivência coletiva (Caillois, 2017).

No estudos realizados por Spink, o autor destaca o crescimento surpreendente dos esportes praticados na natureza (Spink, 2001; Spink; Aragaki; Alves, 2005). Para ele, essas práticas se enquadram, de modo mais presente, em duas categorias de jogo propostas por Caillois (2017): o *ilinx* e o *agôn* – o primeiro, pelo forte componente de vertigem existente nos esportes de aventura na natureza; e o segundo, pela forma regrada e organizada em que essas atividades são oferecidas às pessoas.

São esses dois aspectos – *ilinx* e *agôn* – em que Spink (2001) se baseia para situar sua concepção de risco-aventura, que, segundo o autor, tem contribuído para levar as pessoas a buscar atividades e esportes de aventura na natureza.

São inúmeras as formas pelas quais os indivíduos se relacionam no universo do risco-aventura, seja de modo motorizado, como as disputas com veículos (moto, caminhão ou carro) nos ralis, realizados em lugares inóspitos em diferentes regiões do globo terrestre, seja em disputas que envolvem, de maneira predominantemente física, a resistência do indivíduo. Nesse último caso, existem competições realizadas em várias modalidades, como: corrida, canoagem, escalada, *mountain bike*, esqui, *trekking*, entre outras. Apesar de haver características muito distintas entre as atividades, o princípio fundamental do praticante está centrado no interesse por experimentar situações que o desafiem e o levem a situações que estimulem a adrenalina.

Mesmo reconhecendo existir um processo de disciplinarização das atividades e dos esportes de aventura na natureza, principalmente pela indústria, que promove produtos e serviços nesse segmento, Spink, Aragaki e Alves (2005) apresentam a ideia do risco desejado, referindo-se à busca por atividades ou eventos nos quais os indivíduos, de certa forma, têm incertezas quanto aos resultados ou às consequências. Isso, segundo os autores, permite descartar a possibilidade de compreendermos o risco somente pela perspectiva racionalizadora.

Alguns autores nos ajudam a assimilar melhor o que leva as pessoas a dedicarem seu tempo disponível a experiências de lazer que envolvem risco. Entre eles, Zuckerman (1979, citado por Pasa, 2013), sob o olhar da psicologia, entende que a busca pelo risco-aventura está relacionada com a personalidade do indivíduo que tem predisposição a correr riscos físicos para viver novas sensações, variadas e complexas. O autor denomina isso *busca de sensação*.

Sob o olhar da sociologia, Dunning e Elias (1992) atribuem essa procura por atividades recreativas associadas ao risco a uma ação mimética. Isso porque, na visão dos autores, à medida que a sociedade vai ampliando as restrições que configuram o convívio social, mesmo na esfera da vida privada – autocoerção –, cresce a necessidade de os indivíduos encontrarem espaço que possam manifestar as pulsões, de modo individual ou coletivo, de maneira mais intensa.

No entendimento de Dunning e Elias (1992, p. 112), essa busca de excitação está ligada a um controle-descontrolado, porque

> acontecimentos de uma maneira geral associados ao termo "lazer", em especial de todas as atividades miméticas e dos acontecimentos do mesmo gênero, têm de ser estabelecidas relativamente a esta ubiquidade e estabilidade de controle das excitações. [...] Sob a forma de fatos de lazer, em particular os da classe mimética, a nossa sociedade satisfaz as necessidades de experimentar em público a explosão de fortes emoções – um tipo de excitação que não perturba nem coloca em risco a relativa ordem da vida social, como sucede com as excitações do tipo sério.

Seguindo o raciocínio dos autores, é relevante lembrar que a tensão estabelecida no âmbito dessa experiência de lazer é vivida, experimentada, em determinado espaço temporal que, mesmo havendo a possibilidade de transposição dos sentimentos agradáveis gerados para a vida ordinária, tem dada duração.

Isso nos permite ficar atentos ao movimento da indústria de produtos e serviços em padronizar as atividades e os esportes de aventura na natureza, sob o interesse de ampliar o mercado consumidor, seja de serviços, seja de bens de consumo, como carros, roupas e outros acessórios. Isso porque, à medida que essas práticas são rotinizadas, amplia-se a possibilidade de elas perderem a capacidade de gerar excitação.

Ao tratar das atividades e dos esportes de aventura na natureza, e considerando que a busca por sensações e excitação está intimamente ligada à ideia de risco, é interessante observar algumas características específicas de risco apresentadas por Spink, Aragaki e Alves (2005) ao citarem Gullone e Moore (2000):

(a) comportamentos arriscados, mas socialmente aceitáveis, como a prática de esportes radicais; (b) comportamentos que incluem os ritos de passagem típicos da adolescência, como fumar e beber; (c) comportamentos passíveis de ter resultados negativos, como dirigir alcoolizado, usualmente inaceitável para os adultos; e (d) comportamentos antissociais, inaceitáveis tanto para os adultos quanto para os próprios adolescentes.

Para o universo das práticas de aventura na natureza – atividade e esporte –, a dimensão de risco está nos desafios relacionados à imprevisibilidade, sem que efetivamente a integridade – física, emocional, social – do indivíduo seja abalada. Existem equipamentos e técnicas de operação que tendem a colocar o praticante em condições quase nulas de sofrer algum acidente. No entanto, algumas modalidades, mesmo com o uso de tecnologias e o preparo do atleta, por exemplo, estão sujeitas a situações que podem fugir ao controle, provocando um evento indesejável.

Algumas atividades contarão com maior ou menor grau de controle, dependendo do indivíduo, como um salto de asa delta ou paraquedismo, por exemplo. Quanto mais institucionalizada a atividade, maior é o controle, por exemplo: a permissão de correr com uma bicicleta em uma velocidade específica para realizar determinadas manobras ou, ainda, a obrigatoriedade de usar equipamentos de segurança, a escolha do local para a prática, a delimitação etária ou física para realizar alguma atividade, entre outros fatores.

No cenário das atividades e esportes de aventura na natureza, encontraremos diferença nos discursos dos praticantes ou profissionais que promovem esse tipo de serviço. Pensar o binômio risco-aventura sob uma perspectiva abrangente nos ajuda a compreender essa diversidade de olhares.

Apesar de haver o componente risco-aventura como elo mobilizador da prática, acreditamos que o objetivo principal é o encontro com a natureza, em contraste com outras possiblidades de experiências recreativas que podem oferecer emoções similares, como os equipamentos radicais nos parques de diversão. Embora a natureza possa representar um pano de fundo para alguma modalidade esportiva, o meio cria a atmosfera.

1.3 As práticas de aventura e a transposição para a consciência ambiental

Se considerarmos que as atividades e os esportes de aventura na natureza formalmente instituídos não são algo, de certa forma, recente, levando em conta que na década de 1970 já ocorriam os ralis automobilísticos por inúmeras regiões inóspitas do planeta, podemos aceitar a ideia de que a associação desse tipo de prática com questões ligadas à consciência ambiental é relativamente nova.

Mesmo considerando a possibilidade de existirem outras manifestações de caráter esportivo ou práticas de atividade corporal na natureza com um apelo ecológico, podemos aceitar como parâmetro para análise o surgimento do *Eco-Challenge Lifestyles Inc*, fundado por Mark Burnett, em 1992, como uma das primeiras iniciativas institucionalizadas no segmento que faz a associação de aventura com ecologia.

O motivo para adotarmos esse acontecimento como referência tem relação com a construção de um contexto mais abrangente de discussões sobre questões ecológicas, que contou com a realização da Eco-92 – Conferência das Nações Unidas sobre o Meio Ambiente e o Desenvolvimento – no Rio de Janeiro, com a premissa do desenvolvimento sustentável.

Com a participação de 170 países, na Eco-92 foi gerado um documento, a Agenda 21, que trata de um conjunto de metas e estratégias definidas pelos países para promover o desenvolvimento sustentável no planeta.

Um dos efeitos desse movimento foi a disseminação de espaços de debate e fomento dos princípios da sustentabilidade, o que tornou a associação com o termo *ecologia* comum em diferentes ambientes – no cotidiano das pessoas, na indústria de consumo, nas empresas de turismo, nas escolas, entre outros espaços sociais.

Nessa direção, as atividades e os esportes realizados no âmbito do meio natural – matas, rios, lagos, montanha, praias, entre outros, selvagens ou rurais – também ganham conotações ligadas à consciência ambiental. Assim, além de proporcionar aos praticantes momentos de prazer, sob o binômio risco-aventura, surge o discurso de que essas práticas também agregam valores pessoais, como a consciência ambiental ou ecológica.

Para alguns autores, como Marinho (2004), é possível haver a transposição de valores apreendidos durante uma prática de atividade ou esporte de aventura na natureza, como a superação de limites, por exemplo, para a vida cotidiana.

Apesar de considerarmos razoável a probabilidade de que as pessoas consigam fazer a transposição de valores internalizados em diferentes instituições – escola, casa, igreja, trabalho, lazer –, é prudente pensar esse assunto a partir de um conjunto de fatores articulados que contribuam para que essa experiência recreativa de aventura na natureza seja potencializada como estratégia – formal ou mesmo informal – para que o indivíduo possa fazer essa transposição.

Embora não seja o objeto deste texto trazer dados sobre a correlação entre os ensinamentos que a escola, na educação básica, tem realizado com os alunos no intuito de promover uma educação mais "ecológica", de tal forma que os estudantes possam adquirir hábitos naturalizados e assumir posturas – independentemente em que momento – no cotidiano automaticamente balizadas por uma consciência ecológica, desafiamos o leitor a fazer uma análise e verificar como as crianças e os jovens se relacionam com as coisas da vida no dia a dia: se, efetivamente, eles estão conscientes e assumem posturas proativas em relação ao cuidado da natureza.

Acreditamos que as vivências lúdicas e descompromissadas se configuram em espaços ótimos para se tornarem experiências significativas. No entanto, para que isso se consolide, há a necessidade de que os profissionais envolvidos no processo de oferta desses serviços estejam comprometidos com um objetivo mais amplo do que apenas a satisfação do sujeito ao realizar a prática – o que é um fator essencial.

A aventura na natureza, atrelada às sensações de imprevisibilidade e de relativa liberdade e à oportunidade de desafios, contempla diversos valores que são carregados pelos indivíduos. Sendo assim, a aventura precisa estar focada no potencial que elas têm para a construção de valores pessoais e sociais (Bruhns, 2003).

É necessário destacar que não estamos defendendo uma ideia de pedagogismo do lazer, no qual haveria uma reprodução do comportamento escolar no âmbito do lazer, mas que essa prática, quando promovida por um agente, uma empresa, ou mesmo estimulada pelas políticas públicas, esteja alinhada com um propósito maior, um propósito de mudança social. Isso pode ser um passo importante para que o sujeito, movido pela busca do risco-aventura, seja provocado a pensar em sua vida por meio da sua relação de interdependência com o outro, com as coisas da natureza, o que está diretamente ligado com a construção de um mundo melhor.

Ao pensar as atividades de aventura na natureza sob uma perspectiva de educação ambiental, com potencial de contribuir para modificar atitudes cotidianas – como o uso dos recursos naturais em casa, a adoção de procedimentos racionais ao tomar banho, o uso consciente de embalagens, entre outros –, elas precisam ser caracterizadas como instrumento de educação ambiental, como sugere Kunreuther (2011).

Nessa direção, sob o olhar da transdisciplinaridade, no sentido de transcender os limites estabelecidos na construção de uma educação organizada sob conhecimentos distribuídos em disciplinas, o lazer – nesse caso, a aventura na natureza com práticas corporais esportivas ou em outro formato – pode, entre outras questões, aproximar o indivíduo da natureza, do meio selvagem ou rural, e, com isso, auxiliar no despertamento de atitudes e condutas positivas em relação à consciência ambiental.

Desse modo, para efetivar essas práticas como potencial para o desenvolvimento de consciência ambiental, é vital o planejamento de estratégias específicas que possam despertar nos indivíduos valores em favor do meio ambiente, refletindo na construção de um novo olhar e, assim, de novos comportamentos – mais ecológicos – relacionados a uma sociedade mais sustentável.

Dessa maneira, "torna-se necessário criar estratégias diferenciadas e significativas, permeadas por valores positivos, para despertar nos indivíduos intenções de ações em favor do meio ambiente e para serem construídas novas atitudes" (Figueiredo; Schwartz, 2013, p. 468-469). Nessa direção, será possível despertar sensibilidades com relação à realidade em que vivem os praticantes dessas atividades, suscitando reflexões (Figueiredo; Schwartz, 2013).

Quando pensamos as atividades e os esportes de aventura na natureza como potencial educativo, seja na escola, como ferramenta didática dos professores, seja no âmbito do lazer, também consideramos a existência de aspectos negativos nessas práticas. Estamos nos referindo à ausência de uma ética ambiental quando as práticas adotadas nesse cenário contribuem para a depredação do local. Nesse caso, a proposta de uma ação educativa de caráter ambiental também está ligada à reorientação dos indivíduos em suas ações com o meio ambiente (Figueiredo; Schwartz, 2013).

Nessa direção, um ponto a ser alcançado é o de estabelecer um sentimento de harmonia entre natureza, seres humanos e demais seres. Mesmo que a natureza exerça um papel de "pano de fundo" para o praticante, o trabalho de consciência ambiental está voltado a reduzir ou eliminar a percepção de superioridade ou de dominação que o sujeito possa ter (Schwartz, 2001).

Da mesma forma em que não há consenso sobre a terminologia adequada para se referir às atividades de aventura, a educação ambiental também assume diferentes conotações. Porém, a ideia de conscientização é muito comum entre os estudiosos do assunto. Há uma corrente conservacionista que, segundo Diegues (2001) tem como princípio prever a integração do ser humano à natureza, de maneira adequada e racional, sob a ótica da sustentabilidade.

Entretanto, por mais que diversos estudos relacionados às discussões ambientais tenham surgido na área acadêmica, permitindo maior compreensão sobre as diversas formas da promoção de atividades e esportes de aventura na natureza, é necessário envolver toda a sociedade nesse processo: as empresas e os empresários do mercado de aventura e os profissionais envolvidos. Isso pode desencadear uma maior atenção de toda a sociedade e mobilizar o desenvolvimento de políticas públicas para tratar do tema.

A ressonância positiva em relação às questões ambientais desencadeadas pelas vivências nesse tipo de atividade não ocorre simplesmente para a utilização da natureza como local de prática, como afirmamos anteriormente. Há uma dificuldade de as pessoas estabelecerem comportamentos duradouros ou mesmo permanentes quanto às questões conservacionistas. Conforme afirmam Thompson e Barton (1994), mesmo que haja a intensão do sujeito de realizar atitudes ligadas à preservação ambiental, isso não se traduz efetivamente em seu comportamento. Existem diversos fatores que interferem nesse processo.

Isso representa um desafio fundamental para os profissionais envolvidos, que devem ficar atentos aos valores que podem ser construídos durante a realização dessas práticas.

1.4 Turismo de aventura: valorização econômica da prática

Entre as diversas possibilidades de experiências relacionadas a atividades e esportes de aventura na natureza, existem aquelas que são transformadas em produtos do segmento turístico – seja como esporte, formalmente institucionalizado e organizado pelas entidades de administração do esporte, seja como vivências corporais das mais diversas, experienciadas sob o regramento das entidades que as operam.

Diante dos vários produtos do segmento turístico, o turismo de aventura tem se demonstrado um elemento econômico com capacidade de gerar empregos em diversas localidades do Brasil. A grande diversidade geográfica de atrativos naturais, como parques, estações ecológicas, praias, montanhas, rios, cachoeiras, grutas, entre outros, contribuem para o país ser um destino com vocação para o turismo de aventura, sendo escolhido por pessoas de diversos países.

Segundo pesquisas realizadas por empresas da área, como a elaborada em 2018 pelo *US News & World Report*, pela consultoria BAV e pela Wharton, escola de negócios da Universidade da Pensilvânia, o Brasil é apontado como país ideal para prática do turismo de aventura. Conforme o estudo, realizado com mais de 50 países com concentração de 90% do PIB (Produto Interno Bruto) do mundo, o Brasil é reconhecido como um dos melhores destinos turísticos de aventura na natureza (Rocha, 2018).

Apesar de reconhecermos que essa atividade tem um grande potencial para promover o desenvolvimento socioeconômico, é pertinente considerar que ela pode promover impactos negativos no meio ambiente, causando degradação como consequência do lixo deixado pelos turistas na natureza ou mesmo pelo uso predatório do espaço.

Nesse sentido, sugere-se o desenvolvimento de um processo de planejamento ecoturístico, conforme afirmam Oliveira Junior e Bitencourt (2003). Para os autores, todas as atividades associadas precisam estar ligadas ao objetivo de estruturar políticas e ações administrativas com a finalidade de garantir os meios de promover o desenvolvimento sustentável do turismo.

Um aspecto importante para as atividades e os esportes de aventura na natureza se constituírem como produto turístico é o interesse dos empresários em atribuir valor aos atrativos naturais. Nessa lógica, praias, parques, rios, cachoeiras, balneários e outros lugares são considerados como ativos – recursos naturais que são submetidos à exploração comercial. Nessa direção, todos os bens que vêm da natureza apresentam um valor cognitivo quanto a sua importância, sua raridade, a dimensão de prazer e a satisfação de bem-estar provocada nos visitantes, seja coletivo, seja individual, bem como sua sua escassez (Oliveira Junior; Bitencourt, 2003).

São diversos os exemplos de turismo de aventura, como o montanhismo, o *cannyoing*, o *rafiting*, nos quais alguns produtos são formatados a partir do atrativo natural existente, como a prática do *trekking* ou do montanhismo. Em outros produtos, é explorada a condição geográfica do local e inserido um processo de animação, como o *rafiting* nas corredeiras. Também existem aqueles produtos que são estruturados, criados, para adequar-se à ideia de natureza, como o arvorismo e a tirolesa.

De forma mais visível do que as demais possibilidades de turismo, uma das características das atividades e dos esportes de aventura na natureza envolve riscos, seja para o turista, seja para a empresa que os oferta. Isso demanda um olhar mais atento, especificamente no quesito segurança quanto aos equipamentos e procedimentos adotados pelas empresas e profissionais que conduzem essas atividades (Rocha, 2018).

Nesse sentido, as empresas no ramo do turismo de aventura têm adotado normas nacionais de segurança, propostas pela Associação Brasileira de Normas Técnicas (ABNT), bem como diretrizes sugeridas por entidades representativas, a exemplo da Associação Brasileira das Empresas de Ecoturismo e Turismo de Aventura (Abeta). Fundada em 2004, essa entidade sem fins lucrativos tem atuado preconizando a ideia de diversão segura (Abeta, 2024).

Apesar de aceitarmos a ideia de que diversas pessoas desejam sair de sua rotina e viajar em busca de contato com a natureza para participar de competições esportivas de aventura, contando, para tanto, com empresas de turismo especializadas, o Ministério do Turismo (MTur) propõe uma definição que delimita esse objeto: "Turismo de Aventura compreende os movimentos turísticos decorrentes da prática de atividades de aventura de caráter recreativo e não competitivo" (Brasil, 2010, p. 14).

Apesar de reconhecermos existir uma infinidade de práticas que se enquadram dentro dessa proposta conceitual do MTur sobre turismo de aventura, é interessante pensar que a participação de um turista em uma atividade com caráter competitivo, como uma corrida no deserto, está para ele na mesma proporção recreativa do que estaria para outro que faz um arvorismo, por exemplo. Dessa forma, a competição é somente um estímulo para envolver o participante.

Nessa direção, a proposta da ABNT NBR 15500 (citado por Brasil, 2010) nos permite olhar para o turismo de aventura de maneira mais ampla e absorver nesse conjunto de práticas os esportes de aventura na natureza. Conforme a norma citada, atividades de turismo de aventura são: "Atividades oferecidas comercialmente, usualmente adaptadas das atividades de aventura, que tenham ao mesmo tempo o caráter recreativo e envolvam riscos avaliados, controlados e assumidos" (Brasil, 2010, p. 15).

A preocupação da política pública com a promoção de debates, a criação de manuais de orientação, as possiblidades de formação para os profissionais e as empresas atuantes nesse segmento, entre outras ações, estão associadas ao aumento de pessoas e empresas – muitas vezes sem formação, conhecimento ou preparo específico para esse mercado – em se envolver com a área. Isso pode ser observado em um movimento crescente da oferta de atividades de aventura na natureza, em que alguns estudos realizados ainda na década de 1990 identificaram diversas propriedades rurais que mudaram a forma como trabalhavam em suas terras. Com a descoberta de um potencial econômico na exploração do turismo de aventura, implementaram essas atividades, além de continuar a prática da agricultura (Damm, 1999).

O MTur caracteriza as atividades de turismo de aventura sob diferentes aspectos, a partir da interrelação de alguns princípios, como: local/território da prática, equipamentos utilizados, habilidades técnicas exigidas e risco envolvido. Assim, o turismo de aventura apresenta diversidade em razão do leque de possibilidades de oferta de produtos e de sua complexidade. A segunda característica está ligada ao risco pela exposição, que pode variar de intensidade. Por sua vez, a característica participação e interação diz respeito ao favorecimento de construir estreitamentos nas relações sociais entre os indivíduos e entre os indivíduos e a natureza (Brasil, 2010).

Para facilitar a compreensão sobre o universo de atividades de turismo de aventura, o MTur (Brasil, 2010) agrupou as mais conhecidas, utilizando três elementos da natureza (terra, água e ar), conforme demonstrado no quadro a seguir.

Quadro 1.1 Atividades na terra

Atividade	Descrição
Arvorismo	Locomoção por percurso em altura instalado em árvores ou em outras estruturas.
Bungee jump	Atividade em que uma pessoa se desloca em queda livre, limitada pelo amortecimento mediante a conexão a um elástico. O elástico é desenvolvido especificamente para a atividade.

(continua)

(Quadro 1.1 – continuação)

Atividade	Descrição
Cachoeirismo	Descida em quedas d'água, seguindo ou não o curso d'água, utilizando técnicas verticais.
Canionismo	Descida em cursos d'água, usualmente em cânions, sem embarcação, com transposição de obstáculos aquáticos ou verticais. O curso d'água pode ser intermitente.
Caminhada	Percursos a pé em itinerário predefinido.
Caminhada (sem pernoite)	Caminhada de um dia. Também conhecida por *hiking*.
Caminhada de longo curso	Caminhada em ambientes naturais, que envolve pernoite. O pernoite pode ser realizado em locais diversos, como acampamentos, pousadas, fazendas, bivaques, entre outros. Também conhecida por *trekking*.
Cavalgadas	Percursos em vias convencionais e não convencionais em montaria, também tratadas de Turismo Equestre.
Cicloturismo	Atividade de turismo que tem como elemento principal a realização de percursos com o uso de bicicleta, que pode envolver pernoite.
Espeleoturismo	Atividades desenvolvidas em cavernas, oferecidas comercialmente, em caráter recreativo e de finalidade turística.
Espeleoturismo vertical	Espeleoturismo de aventura que utiliza técnicas verticais.
Escalada	Ascensão de montanhas, paredes ou blocos rochosos, com aplicação de técnicas e utilização de equipamentos específicos.
Montanhismo	Atividade de caminhada ou escalada praticada em ambiente de montanha.
Turismo fora-de-estrada em veículos 4 × 4 ou bugues	Atividade de turismo que tem como elemento principal a realização de percursos em vias não convencionais com veículos automotores. O percurso pode incluir trechos em vias convencionais.

(Quadro 1.1 – conclusão)

Atividade	Descrição
Tirolesa	Produto que a atividade principal é o deslizamento do cliente em uma linha aérea ligando dois pontos afastados na horizontal ou em desnível, utilizando procedimentos e equipamentos específicos.

Fonte: Brasil, 2010, p. 18-19.

Quadro 1.2 Atividades na água

Atividade	Descrição
Boia-cross	Atividade praticada em um minibote inflável, onde a pessoa se posiciona de bruços para descer o rio, com a cabeça na extremidade frontal da boia e os pés na parte final da boia, já praticamente na água. Também conhecida como *acqua-ride*.
Canoagem	Atividade praticada em canoas e caiaques, indistintamente, em mar, rios, lagos, águas calmas ou agitadas.
Duck	Descida de rios com corredeiras utilizando botes infláveis e remos, com capacidade para até duas pessoas.
Flutuação/*Snorkeling*	Atividade de flutuação em ambientes aquáticos, com o uso de máscara e *snorkel*, em que o praticante tem contato direto com a natureza, observando rochas, animais e plantas aquáticas. Usualmente utilizam-se coletes salva-vidas.
Kitesurfe	Atividade que utiliza uma prancha fixada aos pés e uma pipa de tração com estrutura inflável, possibilitando deslizar sobre a superfície da água e, ao mesmo tempo, alçar voos executados sobre superfícies aquáticas, com ventos fracos ou fortes.
Mergulho autônomo turístico	Produto turístico em que a atividade principal é o mergulho autônomo e o praticante não é necessariamente um mergulhador qualificado.

(continua)

(Quadro 1.2 – conclusão)

Atividade	Descrição
Rafting	Descida de rios com corredeiras utilizando botes infláveis.
Windsurfe	Atividade praticada em ambientes aquáticos, também denominada prancha a vela, que se serve, basicamente, de técnicas do surfe e da vela.

Fonte: Brasil, 2010, p. 19.

Quadro 1.3 Atividades no ar

Atividade	Descrição
Balonismo	Atividade aérea feita em um balão de material anti-inflamável aquecido com chamas de gás propano, que depende de um piloto.
Paraquedismo	Salto em queda livre com o uso de pára-quedas aberto para aterrissagem, normalmente a partir de um avião. Como atividade de Turismo de Aventura, é caracterizado pelo salto duplo.
Voo livre (asa delta ou parapente)	Atividade com uso de uma estrutura rígida que é manobrada com o deslocamento do peso do corpo do piloto ou por superfícies aerodinâmicas móveis (asa delta), ou até por ausência de estrutura rígida como cabos e outros dispositivos (parapente).

Fonte: Brasil, 2010, p. 20.

As atividades apresentadas demonstram a diversidade das práticas de aventura na natureza. Ao pensarmos nelas como demandas que podem ser formatadas em produtos turísticos, vislumbramos a possibilidade de promover a economia local, contribuindo para o desenvolvimento de comunidades diversas.

O crescimento de pessoas interessadas, motivadas a participar de turismo ligado às aventuras na natureza, de certa forma, indica alguns alertas. Entre eles, a necessidade de pensar um planejamento que considere a preocupação com o meio ambiente para que este não sofra um processo agressivo de depreciação em razão do uso pelos turistas, bem como atente para a gestão de risco, a fim de evitar que o participante seja exposto a perigos que venham a provocar algum dano físico, emocional ou social.

1.5 Formação do profissional para atuar com atividades e esportes de aventura

As atividades esportivas – aquelas praticadas sob o rigor estabelecido pelas entidades de administração do esporte e aquelas vivenciadas em um contexto mais livre e menos informal – configuram-se como um fenômeno sociocultural contemporâneo. Sua abrangência, apesar de existir barreiras de ordens econômica, política, educacional etc., atinge todas as camadas sociais, em distintos lugares, independentemente da qualidade e da forma como é praticada.

Atrelados a isso, em virtude de um permanente processo de transformação, têm surgido, a cada dia, novos sentidos e novas possibilidades de vivências corporais ligadas ao jogo, ao esporte, à ginástica e às lutas. São novas modalidades esportivas que surgem, muitas vezes, da variação de outras modalidades, como o voleibol de duplas e o *beach* tênis, que são variações do voleibol e do tênis de campo, respectivamente. Da mesma forma, novas atividades corporais aparecem sob o mesmo princípio, como o rapel, por exemplo, uma técnica utilizada no montanhismo.

Nessa direção, as atividades e os esportes de aventura em ambientes naturais – aéreo, terrestre e aquático – têm surgido de um *locus* privilegiado para sua manifestação. Nesse sentido, sob a premissa da necessidade de contar com profissionais com competências específicas para atuar nesse segmento, buscamos discutir e apresentar algumas análises sobre esse profissional.

É relevante destacar que, nesse universo de prática – pela sua diversidade –, encontraremos um conjunto variado de profissionais, sob diferentes funções, responsáveis pelo planejamento, pela organização, pela condução, pelo ensino, entre outras. Dessa forma, mesmo que consideremos necessária a formação acadêmica para habilitar o profissional, é preciso destacar que há atividades, como mergulho, balonismo e montanhismo, que exigem habilidades e competências que, muitas vezes, são adquiridas por intermédio de cursos específicos, associadas ao tempo de inserção do profissional no campo.

Esses profissionais mobilizam saberes necessários à atuação em um cenário com características específicas, considerando a aventura sob a perspectiva do risco, da incerteza e do (re)encontro com a natureza. Além de equipamentos de segurança, essas práticas contam com procedimentos e estratégias de condução e controle decorrentes de conhecimentos adquiridos. Tais saberes incluem domínio de técnicas, habilidades adequadas às atividades ou à modalidade esportiva, uso de tecnologias e de equipamentos adequados, leitura do ambiente e dos possíveis riscos existentes, entre outros (Paixão; Tucher, 2010).

Diante desse cenário, esse profissional precisa contar com conhecimentos suficientes para garantir ao praticante o prazer da aventura e a segurança, bem como a possibilidade de despertar aspectos relacionados com o desenvolvimento e o aprimoramento de uma consciência ambiental relacionada à preservação do meio ambiente.

Esses princípios iniciais dão conta de ajudar na reflexão sobre a necessidade da construção de procedimentos, metodologias e conteúdos para ensinar aqueles que são introduzidos nas atividades – seja pelo ambiente formal, como a escola, seja por cursos promovidos pelas entidades fomentadoras das atividades.

Os estudos realizados por Paixão e Tucher (2010) indicam que os cursos de graduação em Educação Física são os espaços de formação que contribuem para preparar os profissionais para a atuação no cenário das atividades e dos esportes de aventura na natureza. Isso corrobora o resultado do estudo realizado por Auricchio (2017). No referido estudo, o autor identificou, por intermédio de entrevistas com profissionais que atuam como condutores de aventura, que os profissionais mais capacitados para atuar nesse segmento são aqueles formados em Educação Física.

No entanto, no estudo também é evidenciado que esses profissionais contam com formação de caráter mais genérico durante a graduação e que, para uma capacitação adequada, é necessário realizar especialização na área e imersão no campo para o conhecimento das especificidades de cada atividade ou esporte (Auricchio, 2017).

É interessante notar o alerta que Bandeira e Ribeiro (2015) fazem a respeito da formação profissional. Para as autoras, é preciso, além de incorporar disciplinas específicas sobre atividade e esporte de aventura nos currículos de graduação – cursos de Turismo, Educação Física, entre outros –, é necessário valorizar os conhecimentos dos profissionais locais e criar estratégias que melhorem a qualidade de seu trabalho por intermédio de cursos técnicos.

Para Isayama (2010), o processo de formação profissional deve estar pautado em um esforço sistemático e continuado. Pensando no atendimento das especificidades locais, é primordial que haja o envolvimento da comunidade, representada por associações, empresários e outros sujeitos e instituições.

Ainda há, no Brasil, segundo Auricchio (2017), um volume considerável de profissionais que atuam no mercado sem formação adequada, sendo que o conhecimento que eles têm foi repassado por aqueles que já atuavam há mais tempo na atividade. Nesse caso, a existência da atuação fundada na experiência carece de subsídios de caráter pedagógico, conceitual e procedimental.

O cenário que encontramos quanto à formação profissional para atuar no segmento das atividades e dos esportes de aventura é reflexo de um campo relativamente recente em nosso país. Apesar de haver algumas iniciativas para a regulamentação de algumas atividades, não há uniformidades. As diferentes atividades e modalidades têm especificidades e características que influenciam a constituição de saberes e competências muito próprios da(s) atividade(s) que o profissional executa.

Com isso, se consideramos a ausência de uma formação que contemple saberes articulados de maneira mais ampliada, o profissional poderá ter prejuízo quanto à compreensão de seu papel em um cenário complexo – em que há correlações políticas, econômicas, sociais, culturais, técnicas, educacionais etc. – e interdependente.

Embora seja imprescindível que o profissional estabeleça relações mais ampliadas e articuladas, há saberes mais específicos que também precisam ser levados em conta, como condições ambientais, condicionamento físico, análise de risco, fundamentos técnicos da atividade ou do esporte, forma correta de utilizar os equipamentos de segurança, entre outros.

Outro aspecto que precisa ser somado aos saberes adquiridos no ensino formal refere-se aos saberes experienciais, conforme afirma Tardif (2002). Para o autor, a vivência prática – experimentações – de um indivíduo influencia diretamente a maneira como o profissional desenvolve suas atividades profissionais. Esse conhecimento prático – como praticante de algo ou como profissional – está associado ao universo cotidiano do sujeito e produz mudanças reais na teoria (Tardif, 2002).

Nessa perspectiva, teoria e prática necessitam estar vinculadas, sem a ideia de hierarquia entre elas. Para isso, a prática precisa ser compreendida para além de algo estritamente funcional. Da mesma forma, a teoria não pode ser pensada sob a lógica de algo secundário, distante da realidade diária no campo profissional.

Assim, a experiência prática de um profissional não basta em si mesma, tendo em vista o perigo de reforçar e reproduzir ideias preconcebidas e equivocadas, de maneira passiva e acrítica. Como a teoria sozinha não produz mudança real, o conhecimento profissional estrutura-se em constantes e sucessivas interações com diferentes saberes, habilidades e atitudes.

A complexidade da intervenção profissional articula diversos saberes, recursos e reconhecimento das especificidades de cada área e segmento, entre outras características. Isso ajuda a elaborar e organizar formas muito particulares de atuação. Para Tardif (2002) e Pimenta (2007), essa complexidade está alicerçada sobre três saberes: (i) acadêmicos, que correspondem aos saberes científicos; (ii) pedagógicos, que dizem respeito à relação entre aluno e professor – pensando em uma situação escolar, por exemplo – e à capacidade de conduzir e elaborar estratégias motivacionais para o emprego eficaz de sua capacidade de ensinar; e (iii) experienciais, que se constituem no exercício diário da atividade profissional.

⦀ Síntese

Neste capítulo, apresentamos um levantamento sobre as atividades e os esportes de aventura na natureza, contemplando temas que permitiram esclarecer sua configuração como uma área de conhecimento, como uma profissão e como um mercado.

Trata-se de um campo de atuação profissional e debate acadêmico em constante crescimento e abordagem multi e interdisciplinar. Assim, de maneira geral, explicamos sobre a produção científica relacionada às atividades e aos esportes de aventura na natureza, sobre diferentes manifestações, sentidos e significados – construídos socialmente – atribuídos a essas práticas e sobre suas abrangências e limitações. Isso, de certo modo, vincula-se à forma como as instituições e os agentes se apropriam dessas práticas corporais.

Depois de relatarmos algumas características sócio-históricas das atividades e dos esportes de aventura na natureza, mais especificamente sobre aspectos conceituais, demonstrando haver mais consensos entre as diversas abordagens do que desacordos, passamos a evidenciar de que forma o binômio risco-aventura opera como aspecto motivador para as práticas corporais de aventura.

A ideia de risco e aventura está associada à ousadia, à descoberta e, essencialmente, ao contexto da imprevisibilidade. Isso porque o ambiente da natureza apresenta menos condições de controle do que, por exemplo, uma piscina, uma pista de *skate*, uma pista de bicicross ou outro espaço.

As atividades e os esportes de aventura na natureza podem ser experimentados a pé, a cavalo, de bicicleta, de carro, de balão, de barco, entre outras. Seja no ar, seja na terra, seja na água, as pessoas têm se envolvido em um universo de risco-aventura por meio da participação em experiências como arvorismo, *trekking* ou outra atividade, bem como por meio de competições esportivas.

Apesar de esse tipo de atividade suscitar a transgressão de práticas normativas, é preciso reconhecer que elas ocorrem em um contexto que pode ser considerado de risco controlado.

Na sequência, mostramos que a transposição das possíveis aprendizagens adquiridas por intermédio das atividades e dos esportes de aventura na natureza para questões ambientais pode acontecer se for considerado um conjunto de fatores articulados. Para isso, são necessárias ações planejadas, permeadas, que despertem atitudes e condutas à consciência ambiental.

No entanto, não é possível desconsiderar que a forma como as pessoas se lançam nesse tipo de atividade constitui fator determinante nos efeitos que podem resultar. Nesse caso, para que os efeitos sejam positivos, é necessário que as práticas estejam permeadas de valores e intenções em favor da preservação do meio ambiente. Já os efeitos negativos estão ligados a um cenário em que o meio ambiente é considerado somente um local, um espaço para que o ser humano usufrua e satisfaça seus interesses e desejos.

Em seguida, ressaltamos que existem diversas possibilidades de as experiências em atividades e esportes de aventura na natureza serem transformadas em produtos do segmento turístico, seja como esporte, seja como práticas corporais – como o arvorismo e o *trekkin*.

Como conteúdo de animação em parques naturais, áreas rurais ou outros locais que tenham atrativos geográficos, como praias, montanhas, geleiras, rios, cachoeiras, entre outros, essas atividades têm contribuído para gerar empregos e movimentar a economia em diversas regiões do Brasil.

Por último, esclarecemos a preocupação crescente com a forma de atuação do profissional dessa área – independentemente de sua formação – sob alguns aspectos, como a competência técnica e o compromisso profissional com a área.

Com relação à competência técnica, há a necessidade de esse profissional compreender o contexto e identificar aspectos essenciais para entender o universo onde ele está inserido. Assim, considerar as expectativas e as necessidades das pessoas, bem como reconhecer os riscos que envolvem a atividade contribuem para se obter uma visão mais ampla do objeto de trabalho. Ainda, conhecer com profundidade as especificidades da atividade pela qual é responsável permite dominar competências específicas, como técnicas de caminhada e escalada, conhecimento sobre a vegetação, o clima e outros aspectos da natureza.

Quanto ao comprometimento, esse profissional deve se atentar às questões ambientais, o que caracteriza sua atitude ante os valores de respeito e harmonia com o meio ambiente compartilhados com as pessoas que contam com seus serviços.

Indicação cultural

SETE anos no Tibet. Direção: Jean-Jacques Annaud. EUA, 1997. 139 min.

Lançado no cinema em 1998, o filme é baseado em uma história real que retrata a trajetória de um alpinista austríaco chamado Heinrich Harrer, interpretado por Brad Pitt. Assista ao filme e procure analisá-lo sob a perspectiva de compreender quais motivações levam o personagem principal a desafiar as montanhas. Da mesma forma, busque compreender se ocorre alguma mudança em sua maneira de se relacionar com esse desejo e de se inserir na cultura local.

Atividades de autoavaliação

1. As atividades e os esportes de aventura na natureza podem ser:
    a) Práticas que, de modo mais acentuado do que em outras práticas corporais, contam com a imprevisibilidade, a disposição do praticante ao risco – controlado – e à busca por emoções e o contato com a natureza.
    b) Qualquer atividade corporal em que o praticante tenha a impressão de que esteja realizando uma aventura, independentemente do local onde a realiza.
    c) Práticas em que as pessoas são envolvidas e contam com uma característica eminentemente ligada à sorte, ao acaso.
    d) O *skate* é uma atividade característica desse tipo de atividade, pois sua natureza envolve a imprevisibilidade nas manobras.
    e) Práticas exclusivamente competitivas, nas quais os participantes precisam sobrepujar seus adversários utilizando técnicas e táticas que possam surpreendê-los.

2. As atividades e os esportes de aventura na natureza são caracterizados pelo binômico risco-aventura. Sobre isso, analise as afirmativas a seguir e assinale V para as verdadeiras e F para as falsas:

( ) O risco-aventura está associado às ideias de imprevisibilidade e de disposição do praticante ao risco controlado.

( ) Para o universo das práticas de aventura na natureza, a dimensão de risco consiste nos desafios relacionados à imprevisibilidade, sem que, efetivamente, sua integridade seja abalada.

( ) O risco do praticante precisa ser nulo, seja pela adoção de técnicas aplicadas, seja pelo uso de equipamentos de segurança.

( ) O risco-aventura está associado a comportamentos passíveis de ter resultados negativos, como dirigir alcoolizado.

( ) Os comportamentos ligados à ideia de risco-aventura são antissociais e inaceitáveis tanto para os adultos quanto para os adolescentes.

3. Existe um discurso de que as atividades e os esportes de aventura na natureza, além de proporcionarem prazer aos praticantes, também contribuem para agregar valores pessoais, como a consciência ambiental ou ecológica. Assinale a alternativa que confirma essa ideia:

a) Qualquer atividade ou esporte praticado no meio ambiente sob a lógica da aventura proporciona aos praticantes a compreensão de uma vida mais sustentável.

b) A transposição de valores e atitudes são apreendidos por intermédio das práticas de aventura na natureza quando há a possibilidade de o indivíduo superar limites, sejam físicos, sejam emocionais.

c) A transposição de valores e atitudes acontece a partir de um conjunto de fatores articulados que contribuem para que a experiência recreativa de aventura na natureza seja potencializada de forma que o indivíduo possa fazer essa transposição.

d) É natural que o processo de associação das experiências vividas nas atividades e nos esportes de aventura na natureza propicie o desenvolvimento de uma consciência ecológica.

e) Todas as experiências lúdicas dos indivíduos na natureza, quando realizadas de maneira descompromissada, contribuem para que haja a transposição de valores, permitindo o desenvolvimento de uma consciência ecológica.

4. As atividades e os esportes de aventura na natureza podem ser transformados em produtos turísticos, sendo necessário, para tanto, que estejam circunscritos dentro de determinados parâmetros. Sobre isso, analise as afirmativas a seguir e assinale V para as verdadeiras e F para as falsas:

( ) Apesar de essa atividade ter um grande potencial para promover o desenvolvimento socioeconômico, é pertinente considerar que ela pode promover impactos negativos no meio ambiente, causando degradação como consequência do lixo deixado pelos turistas na natureza ou mesmo pelo uso predatório do espaço.

( ) Um processo de planejamento ecoturístico diz respeito à finalidade de garantir os meios de promover o desenvolvimento econômico do turismo descolado dos propósitos do desenvolvimento ecológico.

( ) O produto turístico pode atribuir valor aos atrativos naturais. Nessa direção, todos os bens que vêm da natureza têm valor cognitivo quanto à importância, raridade, escassez, dimensão de prazer e satisfação de bem-estar provocada nos visitantes.

( ) As possiblidades de turismo por intermédio das atividades e dos esportes de aventura na natureza envolvem riscos, seja para o turista, seja para a empresa que as oferece.

( ) As empresas no ramo do turismo de aventura têm adotado normas nacionais de segurança e diretrizes sugeridas por entidades representativas, preconizando a ideia de diversão segura.

5. As atividades e os esportes de aventura em ambientes naturais necessitam de profissionais com competências específicas para atuar nesse segmento. Assinale a alternativa que confirme essa ideia:

a) Essa é uma área de atuação específica da Educação Física, e a graduação atende a todas as necessidades de formação do profissional.

b) Há atividades, como mergulho, balonismo e montanhismo, que exigem habilidades e competências que, muitas vezes, são adquiridas por intermédio de cursos específicos, associados ao tempo de inserção do profissional no campo.

c) Para atuar no segmento de aventura na natureza, o profissional precisa apresentar características de ousadia e capacidade de enfrentamento de risco.

d) Somente a experiência em campo consegue dar ao profissional desse segmento competências necessárias para atuar no mercado.

e) O processo de formação profissional está pautado em momentos muito específicos, levando em conta a capacidade de o indivíduo encontrar alternativas criativas para atuar nesse segmento.

■ Atividades de aprendizagem

Questões para reflexão

1. Faça uma análise do espaço de atuação profissional no campo das atividades e dos esportes de aventura na natureza e identifique quais são os campos de atuação e quais conhecimentos são necessários para cada segmento.

2. Como as atividades e os esportes de aventura na natureza são praticados na região em que você vive? Verifique os possíveis impactos positivos e negativos decorrentes da realização dessas práticas.

Atividade aplicada: prática

1. Levando em consideração a existência de um conjunto diversificado de atividades e esportes de aventura na natureza, representado por atividades em espaços como terra, água e ar, faça um mapeamento dos diversos espaços existentes em sua região e procure identificar as possibilidades de explorá-los com essas atividades.

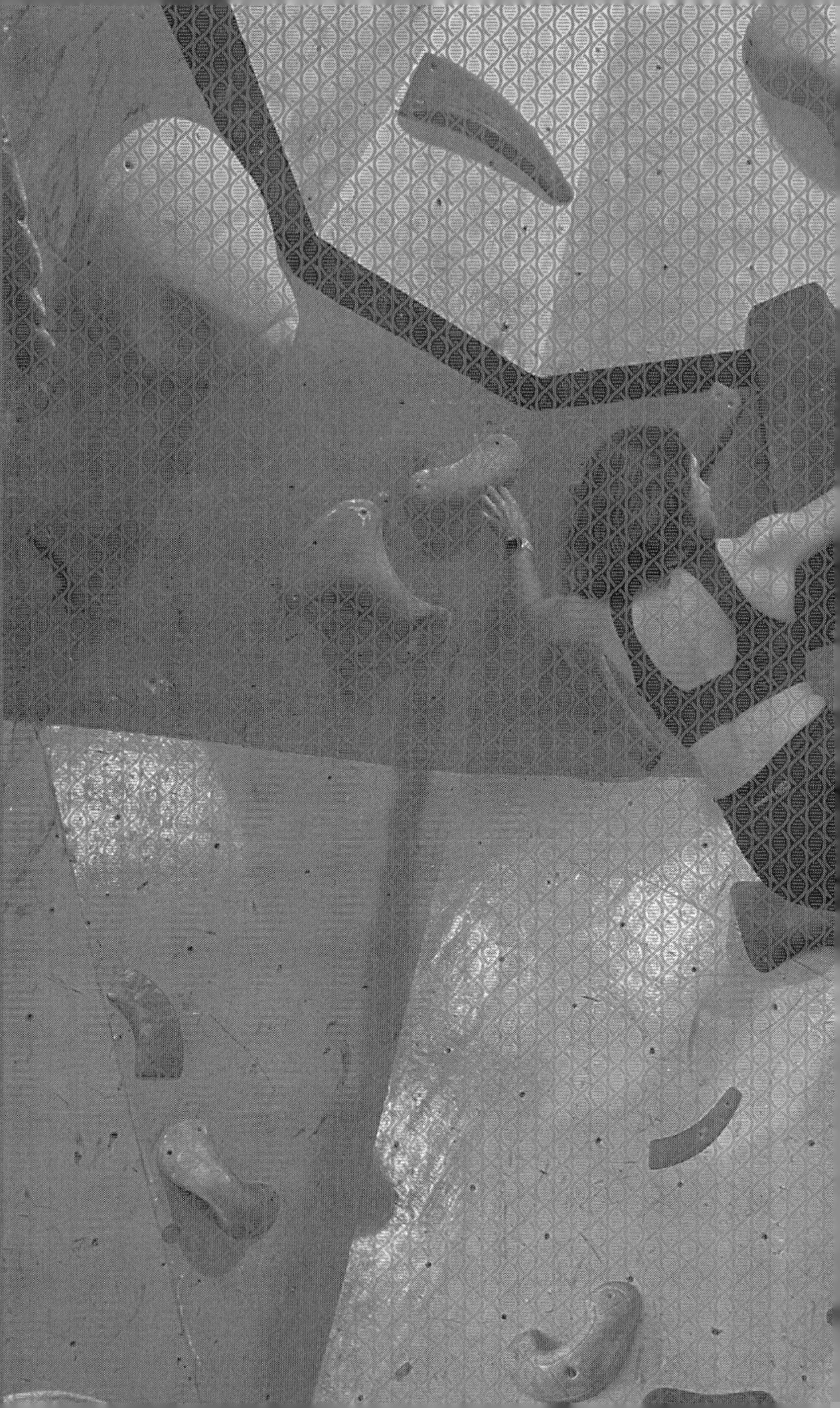

Capítulo 2

Gestão das atividades e dos esportes de aventura

Giuliano Gomes de Assis Pimentel

O **risco** mobiliza as emoções nas práticas de aventura, conforme vimos no capítulo anterior. Também já identificamos que há potencial para atuação profissional tanto no campo escolar quanto na preparação de atletas ou na condução das atividades no contexto do turismo de aventura. Enfim, as diferentes mobilidades de aventura são fonte para trabalhos qualificados em relação às dimensões recreativa, profissional (alto rendimento) e educacional do esporte.

Pois bem. Então vamos prosseguir a fim de aprofundar o conhecimento sobre como atuar profissionalmente na cadeia produtiva do turismo de aventura e como inserir as *atividades de aventura* (termo geral que engloba esporte e turismo) em diferentes contextos de atuação profissional.

Neste capítulo, a ideia é compreender a gestão das atividades e dos esportes de aventura, com especial atenção ao treinamento experiencial na natureza; à gestão dos riscos; ao treino esportivo e ao conhecimento da cadeia produtiva do esporte e turismo de aventura em diferentes instalações. É importante que você conheça as possibilidades a fim de buscar dominar a gestão das experiências de aventura.

2.1 Gestão do risco nas atividades de aventura

A gestão no campo esportivo requer conhecimento da relação entre oferta e demanda, de modo que a organização das atividades seja precedida de um seguro conhecimento prévia da clientela. Com isso, também podemos pensar que a gestão demanda o ato de planejar, o que se materializa em planos, projetos, programas e processos. Outro aspecto essencial a quem atua na Educação Física é a gestão dos recursos humanos e a consequente formação desses quadros, bem como a gestão dos equipamentos físico-esportivos, ou seja, as construções e facilidades necessárias à vivência da modalidade (Bramante; Pina; Silva, 2020).

Embora a gestão dos riscos deva fazer parte de qualquer exercício físico sob sua condução profissional, é preciso aplicar um modelo mais específico e detalhado quando da promoção das atividades de aventura. *Risco* é um conceito moderno que está relacionado à probabilidade de algo acontecer quando se enfrenta um perigo. Assim, nas navegações do século XVII, os espanhóis observaram que era possível passar com pequenos barcos entre os corais sem naufragar, mas, nos trechos mais apertados, o casco iria ser "riscado" pelos recifes. Assim, eles deveriam calcular se "valia a pena o risco" (Scopel et al., 2020).

Na atualidade, importa fazer uma gestão eficiente dos eventos e equipamentos físico-esportivos ou turísticos de aventura em consideração aos riscos que podemos assumir. Iniciemos, pois com a diferenciação do que seja um risco real, um risco gerenciado (direto ou indireto) e um risco imaginado (Pimentel; Melo, 2013).

Quadro 2.1 Tipos de risco nas práticas de aventura

Risco real	Conhecimento da incidência (quantas vezes costuma acontecer) e do dano (quais as consequências) em relação à determinada atividade em um ambiente. Exemplo: a fratura mais comum em skatistas é na ulna, pois eles usam o punho/mão em apoio na queda.
Risco imaginado	Percepção subjetiva de medo ou receio em relação a uma ameaça possível. Exemplo: achar que a altura do rapel é muito mais do que realmente é por falta de noção de profundidade. Assim, não se conhecem os riscos reais e, por isso, não se detêm os meios para controlá-los.
Risco controlado	Procedimentos de gestão para prevenção dos acidentes e padrões para tomada de decisão em relação a correr riscos admissíveis. Exemplo: o capacete de escalada não é obrigatório em paredes artificiais, pois é improvável que um objeto caia sobre a cabeça do praticante.

Fonte: Pimentel; Melo, 2013.

Em situações turísticas ou em eventos recreativos (parede de escalada de *buffet* e voo duplo de paraquedas, por exemplo), nós, profissionais da Educação Física, temos a função de conhecer o risco real para poder administrá-lo. A clientela não é obrigada a conhecer as técnicas e, por isso, acaba visivelmente imergindo no risco imaginado. Já no processo de iniciação/treinamento, devemos formar praticantes/atletas para que saibam distinguir o risco real do imaginado. A imagem a seguir reforça essa caracterização do esportista e do turista de aventura.

Figura 2.1 **Esportista** *versus* **turista de aventura**

Conhece o risco real e o gerencia	Vivencia o risco imaginado
Esportista	Turista de aventura

Bigmouse108 e Sabelskaya/Shutterstock

Nas situações de gerenciamento dos riscos, podemos ter o risco gerenciado de maneira direta e indireta. A forma direta é aquela na qual você tem o controle da situação (como segurar a corda no rapel), enquanto a indireta é o mecanismo de redundância em caso de você falhar (o freio irá blocar se a corda escapar da sua mão). **Redundância**, por sua vez, é um conceito essencial na gestão de riscos. Significa ter sempre um meio extra de se prevenir caso o mecanismo principal falhar. É por isso que nos esportes aéreos é necessário ter o paraquedas reserva, inclusive preferencialmente de um fabricante diferente do que o paraquedas principal. Embora a probabilidade de falha seja pequena, o dano em caso de ocorrência é de alta letalidade (Pimentel; Melo, 2013).

Quanto mais alta a incidência e o dano, mais estratégias podem ser acionadas. Isso se aplica, inclusive, na escola, quando o professor de Educação Física deve privilegiar a intervenção educativa, de modo a instruir o público-alvo sobre o risco e as formas de terem uma aventura segura. Vamos entender isso por meio de um exemplo? Em trilhas conduzidas, é ideal que tenhamos dois guias. Um irá como primeiro da fila e o outro no final, diminuindo a chance de as crianças se perderem.

Mas quais outros procedimentos podem ser tomados? A professora pode apresentar, antes do passeio, os perigos afeitos ao ambiente e à atividade, construindo regras de segurança com seus alunos. Ademais, poderá entregar um apito para cada estudante, de modo que ele possa utilizá-lo caso se perca na mata. Observe que esses procedimentos dão mais papel ativo ao aluno, além de ajudarem a diminuir a ansiedade proporcionada pelo risco imaginado. Por fim, a simulação de técnicas aplicáveis em situações de perigo real é recomendável, seguindo a hierarquia dada pelo risco calculado.

Ainda com relação ao processo de formação de esportistas, é esperado, portanto, que estes façam a autogestão (quando já praticam com autonomia) ou a cogestão (alunos ou atletas sob supervisão). Mas isso não é algo feito rapidamente, a depender das especificidades do ambiente e da modalidade. Portanto, recomendamos que você domine elementos de gestão dos riscos na medida em que for se apropriando dos procedimentos didáticos para ensinar ou treinar pessoas para as práticas corporais de aventura (Pimentel; Melo, 2013).

Veja, a seguir, alguns motivos para dominar gestão de riscos na aventura:

- experiências de insucesso e de lesão são as principais causas de abandono em iniciantes de uma modalidade;
- o trauma físico de acidentes pode gerar traumas psicológicos na clientela;
- adotar procedimentos padronizados diminui a chance de processos jurídicos.

Nesse sentido, por exemplo, em uma aula de *skate*, sabemos que abrasões/arranhados junto com entorse de tornozelo serão as lesões mais comuns. Para gerenciar esses riscos mais comuns, é preciso controlar os seguintes aspectos:

- **Ambiental**: Piso molhado causa deslizamento das rodinhas e pequenos objetos (folhas, pedras, tampinhas) no chão resultam em travamento destas. Logo, a superfície do local da aula deve ser um piso seco e limpo. A disposição e o distanciamento entre alunos também é importante, pois *skates* que escapam dos pés dos alunos acabam atingindo regiões sensíveis entre os pés e os joelhos das crianças.
- **Comportamental/social**: Aulas ativas no modelo participativo, como o ensino por pares, aumentam o envolvimento dos cuidados entre colegas. Em grupos que incentivam atitudes mais arriscadas, há maior incidência de acidentes graves (Pimentel, 2020).
- **Materiais**: O ideal é enfatizar proteção ao joelho e ao tornozelo. Alguns autores defendem que, na falta de recursos para adquirir joelheiras e outros acessórios, tem valor educativo os alunos os fabricarem com papelão. Já Pereira e Armbrust (2010) ponderam que, no processo de iniciação, a velocidade do aprendiz no *skate* é baixa, resultando em pouca chance de lesões significativas.

No processo de valorização da autonomia dos aprendizes, para que saibam fazer a gestão dos riscos, cabe ensiná-los a observar o ambiente (se o piso está molhado ou com sujeira) e o *skate* (se está funcionando bem). Nas atividades didáticas propostas para o ensino de *skate* no método da Escola de Aventuras (Pimentel, 2020), os alunos fazem simulações em colchonetes ou gramado de rolamentos se derraparem ou saltos frontais, se a rodinha travar. Durante a sessão, no método da Escola de Aventuras (Pimentel, 2020), são feitas simulações: (a) salto frontal para prevenir quedas em travamento da rodinha do *skate*; (b) rolamento com ombro no colchonete para automatizar resposta segura às quedas.

Aula de *skate* 3º ano do ensino fundamental

- **Diagnóstico**: Os alunos já conseguem fazer a remada e o freio.
- **Objetivo da aula**: Aperfeiçoar a direção, com avaliação de risco ambiental.
- **Habilidade da BNCC**: EF67EF19 – Identificar os riscos durante a realização de práticas corporais de aventura urbanas e planejar estratégias para sua superação.
- **Desenvolvimento**: Traçar rotas no chão ou usar as linhas das modalidades handebol/futsal/basquetebol/voleibol para os alunos percorrerem. Inserir nas bifurcações imagens contendo duas opções, sendo uma de um local que oferece risco alto de quedas e outro sem perigos. O aluno deverá identificar qual caminho é o mais seguro a seguir.
- **Avaliação**: Pedir aos alunos para declararem o que aprenderam.

Agora que evidenciamos como trabalhar a gestão dos riscos na perspectiva da formação esportiva, veremos como é calculado o risco no padrão do turismo de aventura. O primeiro passo é saber que há um controle feito tanto pelo Estado quanto pelo mercado (oferta e demanda) por meio de 42 Normas Técnicas estabelecidas pela Associação Brasileira de Normas Técnicas – ABNT NBR de Turismo de Aventura, sendo 17 Normas Técnicas Internacionais – ABNT NBR ISO (*International Organization for Standardization*). Portanto, é recomendável que você estude as normas gerais e as específicas por modalidade antes de prestar qualquer serviço nesse setor.

Quadro 2.2 Principais normalizações nacionais (ABNT) e internacionais (ABNT ISO)

Normas gerais	Normas por modalidade
- ABNT NBR ISO 21102 – Turismo de aventura – Líderes – Competência de pessoal - ABNT NBR ISO 21101 – Turismo de aventura – Sistemas de gestão da segurança – Requisitos	- Montanhismo: ABNT NBR 15397 e 15398 - Arvorismo: ABNT NBR 15508-1 e NBR 15508-2 - *Rafting*: ABNT NBR 15370 e NBR 16708 - Rapel e outras técnicas verticais: ABNT NBR 15501 e NBR 15502 - *Bungee jump*: ABNT NBR 16714

Por fim, por meio dessas normas, a Associação Brasileira das Empresas de Ecoturismo e Turismo de Aventura (Abeta) vem difundindo no país o sistema de gestão de segurança e gerenciamento de risco (Auricchio, 2017) apresentado no quadro a seguir.

Quadro 2.3 Ficha de avaliação do risco dos locais para aventura

Diagnóstico do local	Deve ser feito por trecho. Ex.: por parte da trilha	
Perigo	São as ameaças, o risco de acontecer algo que causa dano	
Dano	Uma ou mais consequências possíveis de ocorrerem	
Calcule o risco **Perigo × Dano =** **0-2: desprezível** **3-5: moderado** **6-9: crítico**	Probabilidade de haver o perigo: 1 = rara; 2 = possível; 3 = ocorre com frequência.	Impacto do dano: 1 = só primeiros socorros; 2 = requer hospitalização; 3 = dano permanente/ morte

Com base nesse sistema, é possível racionalizar a detecção dos perigos e a avaliação do risco que cada dano causará. Deve ser feita uma lista a fim de tomar as providências. Um exemplo é o caso do rapel em pedreira, no qual é comum a queda de pedras (perigo = 3), o que pode resultar em traumatismo craniano (dano = 3). Logo, pelo risco crítico, deve haver um controle operacional que priorize soluções na seguinte ordem: 1º Elimine o perigo; ou 2º Reduza a chance de ele acontecer; ou 3º Reduza os danos; ou 4º Mude o risco. Em resposta, poderíamos colocar um tecido de proteção, mas isso tiraria a relação do praticante com a rocha, sendo mais prático adotar vistorias de pedras soltas e uso de capacete. No entanto, se também houver o deslizamento de terra ou pedrinhas, isso geraria outro cálculo, com soluções diferentes, conforme o nível do risco (Pimentel; Melo, 2013; Auricchio, 2017).

Curiosidade

Você conhece a Associação Férias Vivas?

Em razão de acidentes que poderiam ser evitados, familiares e praticantes criaram uma organização não governamental (ONG) para difundir estatísticas de riscos e recomendar boas práticas de gestão de riscos no turismo de aventura. Acesse e conheça.

ASSOCIAÇÃO FÉRIAS VIVAS. Disponível em: https://www.feriasvivas.org.br/>. Acesso em: 18 jul. 2023.

2.2 Cadeia produtiva do esporte e turismo de aventura

A cadeia produtiva do turismo, em geral, pode ser reunida em três grandes agregados, conforme apresentado na Figura 2.2, a seguir.

Figura 2.2 Cadeia produtiva

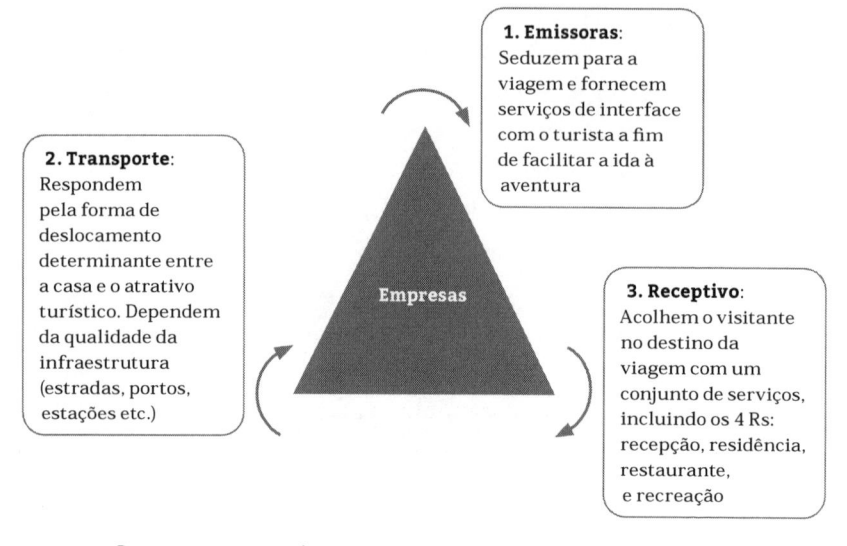

1. Emissoras: Seduzem para a viagem e fornecem serviços de interface com o turista a fim de facilitar a ida à aventura

2. Transporte: Respondem pela forma de deslocamento determinante entre a casa e o atrativo turístico. Dependem da qualidade da infraestrutura (estradas, portos, estações etc.)

Empresas

3. Receptivo: Acolhem o visitante no destino da viagem com um conjunto de serviços, incluindo os 4 Rs: recepção, residência, restaurante, e recreação

O turismo é um dos segmentos produtivos com mais circulação de riqueza no mundo. Como a nomenclatura dos tipos de turismo é confusa e arbitrária, parecendo-se com rótulos comerciais, termos diferentes se aproximam: *turismo verde*, *ecoturismo*, *turismo natural*, *turismo de aventura*, *agroturismo*, entre outros. Todavia, esse amontoado de práticas tem recebido investimentos significativos e está em crescimento. Internacionalmente, o Brasil é o principal destino de turismo de aventura, em razão das paisagens, da qualidade da recreação e do clima tropical (Bandeira; Wheaton; Amaral, 2023).

Entretanto, caso você não esteja na região Amazônica ou no litoral, pode se questionar a respeito da pertinência em estudar a exploração turística da aventura em sua localidade. Nesse aspecto, observe que há duas formas de relação do turismo com o esporte: (i) turismo esportivo: reflete lugares naturalmente privilegiados para uma modalidade; (ii) turismo de eventos esportivos: capta ou cria competições sazonais que atraem os praticantes e aficionados. No primeiro caso, em geral, pode-se viajar para praticar a modalidade de aventura em qualquer temporada, como ir ao

Havaí para surfar ou a Fernando de Noronha para mergulhar. No segundo tipo, os eventos servem para cumprir carência de fluxo de turistas em determinada época do ano. Por exemplo, mesmo uma cidade sem litoral, como Maringá-PR, consegue sediar etapas do brasileiro de vôlei de praia.

No Brasil, experimentamos um ciclo dos chamados *megaeventos* (Copa; Jogos Olímpicos), o que projetou o país na atenção da mídia e a elite do alto-rendimento, mas deixou, ou deveria ter deixado, legados esportivos materiais e imateriais. Os legados imateriais dizem respeito, por exemplo, a melhorar nossa cultura de organização de turismo de eventos esportivos, enquanto entre os legados materiais estão as estruturas (estádios, centros de treinamento, equipamentos de lazer, aeroportos etc.).

No campo das práticas de aventura, de maneira mais ampliada, houve um aumento do número de eventos esportivos de modalidades específicas. Besen e Moretto-Neto (2005), ao estudarem o Ironman Brasil em Florianópolis, identificaram que a competição foi o único evento na baixa temporada que havia colocado a parte receptiva da cadeia produtiva turística (hotéis, passeios, restaurantes, aluguel de carros) em um índice de ocupação equivalente ao de alta temporada.

Já na busca por eventos de grande porte no país, podemos destacar os X-Games e os Jogos Mundiais da Natureza.

Os X-Games nasceram de uma tentativa pioneira e bem-sucedida da emissora ESPN em reunir diferentes modalidades de esportes radicais (*skate*, BMX, entre outros). Só na edição brasileira de 2013, em Foz do Iguaçu-PR, segundo cálculo de Campestrini e DaCosta (2017), o impacto econômico foi de R$ 51,7 milhões, sendo que 59,7% das pessoas que compraram ingressos pernoitaram na cidade. Ainda segundo os autores, esse é um tipo de evento que, em virtude de sua complexidade, precisa de investimentos públicos municipal, estadual e federal, demostrando a importância do gestor esportivo em operar as parcerias público-privadas.

Em termos de gestão, os X-Games são um caso internacional de sucesso porque, à época, 1997, a hegemonia da aventura urbana era disputada entre Estados Unidos e Europa, e a referência de maior e melhor evento era, naquela época, o Munster Monster Mastership, na Alemanha, exclusivo para *skate*. Os praticantes das modalidades não concebiam a aventura, o alternativo ou o radical como uma unidade, uma identidade que uniria as diferentes "tribos". Cada grupo era uma subcultura própria, havendo muita resistência em todos participarem de um mesmo evento, ainda mais com regras ditadas por uma empresa de televisão.

A ESPN promoveu o evento com o risco de boicote dos principais nomes, que queriam ser vistos como contestadores do sistema. Mas a empresa conseguiu realizar a combinação entre o estilo de vida jovem na estética do evento com a transmissão no modelo dos Jogos Olímpicos, atraindo a audiência de diferentes públicos. Como pondera Uvinha (2001), os esportes radicais já nasceram midiáticos, só que de maneira mais informal (*underground*), usando filmes e revistas exclusivas a adeptos do segmento. Todavia, havia uma pressão para que essas práticas fossem mais difundidas na mídia, sem que fosse perdido o imaginário juvenil rebelde. Por isso, o modelo dos X-Games é uma referência em modelo de gestão de esportes urbanos de aventura.

Já os Jogos Mundiais da Natureza são uma criação do governo paranaense, cuja primeira edição ocorreu em 1997, com sede em Foz do Iguaçu. Participaram desse evento 809 atletas de 55 países dos cinco continentes, mas a iniciativa foi descontinuada por não ter conseguido sucesso como espetáculo esportivo à época (Marchi, 2017). Em 2019, o evento passou a se chamar *Jogos de Aventura e Natureza* (Jans) e somou 20 mil participantes em diferentes etapas itinerantes pelo estado. As modalidades de 2022 exploraram diferentes perspectivas, demonstrando uma mudança no conceito do evento (Quadro 2.4).

Quadro 2.4 Relação das modalidades por tipo predominante de ambiente (Jans – 2022)

Ar	paraquedismo, parapente, balonismo
Água	pesca esportiva; *bodyboard*; canoagem; iatismo; *stand up paddle*; canoa havaiana, *wakeboard*, *surf*.
Terra	futevôlei, *beach* tênis, *beach soccer*, vôlei de praia, BMX, *mountain bike*, cicloturismo, *jeep*, *rally*, corrida de rua, *slackline*, escalada, *skate*, *rugby*, corrida de aventura, *cross country*, *hand beach* e *triathlon* (natação/corrida/ciclismo)

Observando atentamente as modalidades citadas, constatamos que algumas delas reúnem características de aventura na natureza e que outras são apenas na natureza ou de aventura, mas urbanas. Isso tem alguma lógica? para responder a essa pergunta, é necessário que você aplique seus conhecimentos de gestão a fim de identificar qual terá sido a estratégia adotada pela organização do evento para ter feito essa mescla!

Qual é sua hipótese sobre o modo como o Jans agrupou modalidades tão diferentes? Vamos apresentar uma aqui, como um incentivo ao exercício essencial da gestão, que é entender o conceito que está por trás das inovações. Como vimos, a ideia dos X-Games em agrupar diferentes práticas em um só evento encontrou resistências, pois cada "tribo" esportiva receava perder a identidade do grupo e a essência da modalidade.

Portanto, conforme a crítica de Neira (2018) sobre o uso do termo *práticas corporais de aventura* na Educação Física, tratam-se de tentativas de dar unidade a coisas com significados únicos. Todavia, da mesma forma que o vocábulo *esporte* dá *status* e acesso ao mercado a práticas, de modo que elas queiram se esportivizar, adjetivar essas manifestações como *aventura* ou *naturais* é um chamariz para o público consumidor.

Enfim, se no turismo de aventura o risco imaginado é predominante, usar esses termos agrega valor ao turismo de evento esportivo. Bruhns (2009) ilustra a força do imaginário da aventura na natureza ao constatar, por exemplo, que boa parte das pessoas que compravam relógios de mergulho não sabiam nadar e, mais recentemente, a aquisição de carros *off-road* tornou-se mais um *status* para ser visto como aventureiro do que realmente são usados para rodar em estradas de terra.

Para finalizar nossa análise do turismo de aventura em relação aos eventos, talvez tenha incomodado você o fato de que as cidades (Florianópolis e Foz do Iguaçu) sejam já atrativos turísticos por si mesmas. Municípios do interior, como Governador Valadares-MG, Candiba-BA, Castelo-ES ou Quixadá-CE, ao menos podem ser destinos de aventura por disporem de recursos naturais para as rampas de voo livre. Como fazer a gestão sem atrativo natural indiscutível ou alto investimento público?

Nesse sentido, retomemos a questão do imaginário da aventura como um fator importante para criação de eventos que mesclem turismo e esporte. A cidade de Peabirú, localizada no interior do Paraná, aproveitou a popularização de estudos turísticos sobre o caminho de Peabirú para promover uma corrida de aventura chamada *Trilha do Índio*. Esse caminho foi criado pelos povos Guarani e ligava São Paulo e Florianópolis a Foz do Iguaçu no século XV, sendo revelada ao espanhol Cabeza de Vaca. Essa extensão torna Peabirú ("caminho de mato deitado", na língua nativa) a maior trilha em mata conhecida da humanidade (Pimentel, 2003).

Assim, os gestores da cidade aproveitaram essa história real para criarem um evento com o imaginário de que os competidores, ao atravessarem os obstáculos (falsa baiana, cabo submerso, comando *craw*, rastejamento na lama) e correrem nos pastos, estariam, simbolicamente, vivenciando essa herança cultural. Com esse conceito, deram significado histórico e um contexto distintivo que foi o diferencial de mercado para a imprensa e as pessoas se deslocarem até o pequeno município de 15 mil habitantes.

> ||| *Importante!*
>
> Compare os quatro eventos citados (Iron Men; X-Games; Jans e Trilha do Índio): Quais são os pontos favoráveis e desfavoráveis de cada um? Em sua realidade, onde mora ou trabalha, existe potencial para turismo de aventura (incontestável atrativo, como praia com ondas, corredeiras com cachoeiras ou uma enorme pista de BMX)? Ou a cidade tem condições de atrair para o turismo de eventos esportivos? Qual é a vocação de sua região? Há cadeia produtiva existente que consiga garantir o sucesso de todas as fases do turismo de aventura?

2.3 Planejamento e organização de práticas e esportes de aventura

Embora grande parte das práticas corporais de aventura tenha uma codificação esportiva, também há outras características predominantes. Um exemplo é o acampamento. Este pode ter diferentes conotações, da recreação (microaventura) em uma colônia de férias até acampamentos selvagens, nos quais há pouca interferência tecnológica para além da barraca. Nesse modelo, os praticantes devem construir banheiro e fogão rústicos, achar alimentos na natureza e não ter acesso à energia elétrica. Sem dúvida, atividades como acampar, caminhar em trilha, subir em balançar-se em cipós e explorar cavernas não são esportes de aventura.

Assim, considerando as diferentes classificações em voga atualmente, é importante reconhecer que cada uma delas tem alguma abrangência e pode ser útil para planejar e organizar as vivências de aventura. O primeiro exemplo palpável é o uso da tipologia de jogos proposta por Caillois (1990). As atividades lúdicas podem ser mais espontâneas ou mais sistematizadas, bem como podem ter predominância de regras (jogo) ou de imaginação (brincadeira), com a possibilidade de demandar algum recurso físico (brinquedo). Além disso, a atividade lúdica evoca diferentes sensações, das quais o autor diz haver quatro predominantes: ganhar a custas da própria competência (jogos competitivos); vencer de maneira aleatória pelo destino (jogos de sorte/azar); imitar papéis e/ou representar a realidade (desenhar, dançar, RPG, teatro); e sentir vertigem com um leve descontrole (*playground*, parque de diversões, algumas aventuras).

Com esse referencial, muito aplicado no planejamento da recreação (Santos; Awad; Pimentel, 2020; Silva; Pimentel; Schwartz, 2021), podemos fazer uma análise mais criteriosa das experiências que levam à sensação de vertigem pura (ou sua combinação com alguma das outras sensações) a fim de verificar se estão sendo diversificadas. A análise é baseada no contexto (objetivo da atividade, perfil da clientela, recursos disponíveis e gestão de riscos). Imagine, por exemplo, você montando atividades inéditas para um *reality show* que se passa em uma ilha, no modelo televisivo do programa "Sem Limites". Lá haverá participantes de todas as características e as provas não podem ser apenas de valência física, pois iria ser tendencioso a um perfil de concorrente. Então, o que você faria utilizando a classificação de Caillois (1990)?

Avalie o exemplo a seguir, que abrange um modelo de prática de gestão baseado na teoria.

Quadro 2.5 Gestão das sensações em relação à organização ou à espontaneidade

Sensação predominante	Nome da prova e nível de organização	(+/–)
Vencer pela própria competência	Escalar *boulder* paredão de dificuldade 7	Alta
Vencer pela sorte	Saltar em amarelinha que contém buracos	Média

(continua)

(Quadro 2.5 – conclusão)

Sensação predominante	Nome da prova e nível de organização	(+/−)
Fruir imaginação/ jogo de papéis	Festa à fantasia para formação de equipes	Média
Fruir a vertigem/ leve descontrole	Ser lançado no *bungee jump* sem desmaiar	Baixa

No caso de muitas modalidades de aventura, é comum que atletas não tenham sido formados desde a infância. A primeira causa é porque são oriundos de outras modalidades e passaram a adotar um segundo esporte tardiamente. Isso, por exemplo, ocorre com corredores que migram para o esporte orientação. Mas também pode ser porque os custos da modalidade exigem que a pessoa tenha um rendimento estável para custear sua prática, o que é comum no paraquedismo e no voo livre. Esse aspecto é importante porque há certas modalidades nas quais o pico de desempenho se dá mais precocemente, como é frequentemente observado no *skate*. Em outros casos, a formação do atleta para o rendimento é relativamente longa, como nas modalidades que exigem resistência (orientação, montanhismo, triátlon, voo livre de permanência).

No caso de crianças iniciando na carreira esportiva de aventura, além de reforço na gestão dos riscos, é fundamental que tenhamos uma visão de infância atualizada. Na comunidade europeia, as modalidades de aventura são incentivadas dentro da filosofia pedagógica do brincar arriscado. O que significa isso? A Europa fez uma revolução na forma como entende a infância, tomada como algo em si, com sua própria cultura. Diante de perigos como o *bullying*, as políticas públicas na tentativa de valorizar a vida das crianças acabaram por protegê-las em excesso. A vertente atual é que a criança precisa lidar com situações de risco como parte do desenvolvimento dela. Logo, conforme vimos no tópico sobre treinamento experiencial, muitos programas de *self-seeking* são feitos para livrar a infância da superproteção (Bento, 2017).

Feita essa consideração, na pedagogia e na psicologia do esporte há preocupação em incentivar as crianças a terem carreiras esportivas prazerosas e duradouras. Por isso, o início da formação para a aventura também segue o princípio de dificuldade/risco gradual, fornecendo vivências que permitam ao aprendiz experiências de sucesso e de superação dos obstáculos. Nesse sentido, os procedimentos didáticos são voltados para que cada parte do processo de aprendizagem seja considerada uma vivência em si.

O que isso significa? Pense, por exemplo, no *slackline*. Supostamente, andar de *slackline* significa ir de um extremo ao outro da fita, andando ou fazendo as manobras (*trickline*) e posturas (*yogaline*). Mas, empiricamente, as pessoas demoram seis aulas para maturarem alguma proficiência, o que pode ser pouco motivador para a maioria. Logo, cada aula precisa ter um tipo de transposição que seja possível concluir. Significa que, na iniciação, cada etapa (educativos) do processo de aprendizagem do todo (a modalidade) tem que valer como uma experiência em si. Para isso, em diferentes propostas de pedagogia da aventura (Scopel et al., 2020; Pereira, 2019; Figueiredo et al., 2018) são criados jogos que envolvem o iniciante no enredo da modalidade e em seu risco imaginado.

Vamos exemplificar com uma sequência didática produzida pelo autor deste capítulo no contexto do projeto Escola de Aventuras (Pimentel; Awad, 2022) e que valoriza as pequenas conquistas por meio de microaventuras.

Estratégias na iniciação:
- Utilizar as linhas já existentes na escola (como as da quadra).
- Andar sobre diferentes superfícies em linha (cordas, banco sueco, macarrão de hidroginástica, rolo de papelão, tijolos etc.).

- Falsa baiana.
- Ponte suspensa.
- Andar sobre uma linha reta com pequenos obstáculos.

Dinâmicas para realizar com o *slackline* com ajuda:

- Travessia segurando na mão do professor.
- Travessia segurando na mão do colega.
- Travessia com colegas enfileirados ao lado. No caso de se desequilibrar, poderá segurar na mão ou no ombro do colega.
- Travessia com cajado (bambu, cabo de vassoura etc.).
- Travessia com professor protegendo pela cintura.

Dinâmicas no *slackline* quando o iniciante já anda sozinho:

- Jogo do metro: Realizar a travessia, a cada metro percorrido obtém-se uma pontuação.
- Andar e agachar para pegar um objeto.
- Jogo bomba: Andar sem pisar nas figuras ou objetos (caixas, bexigas etc.) colocados na fita.
- Jogo medieval: Andar se esquivando dos obstáculos no ar.
- Jogo Duelo de Titãs: Tentar derrubar o colega que vier andando do outro lado da fita.
- Jogo Pedra-Papel-Tesoura: Em equipe, deslocar-se no *slackline* e, a cada pessoa que encontrar, jogar Pedra, Papel ou Tesoura para continuar a trajetória. Caso perca, volta ao final da fila ou paga prenda. Caso chegue ao final, ganha ponto para a equipe.
- Jogo da foto: A pessoa recebe a foto de uma postura sobre o *slackline* e deverá realizá-la.
- Jogo do tempo: Montar duas ou mais fitas e colocar as equipes para competir sobre qual termina primeiro a travessia sem cair no chão.

Você pode aplicar essa proposta no ensino do *slackline* em diferentes grupos etários. A ideia introdutória é garantir uma relação constante entre desafio e habilidade, para que ambos avancem concomitantemente. Outro aspecto importante é que a microaventura – uma gamificação da técnica da modalidade – torna possível a iniciação com segurança, baixo custo e estética lúdica. Enfim, nas fases de diversificação das experiências com modalidades de aventura (7-10 anos) e de início da especificidade (10-12 anos em diante), a prioridade é focar na tríade praticar, conhecer e gostar de aventura.

É na transição da iniciação para a especificidade que aulas/treinos de aperfeiçoamento e condicionamento funcional se tornam mais coerentes com o momento do praticante. Veja um exemplo a seguir.

Em estudos do Laboratório de Biomecânica da Universidade Estadual de Maringá (Labicom-UEM), foi determinado que a técnica mais eficiente para se deslocar sobre a fita de *slackline* é:

- joelho semiflexionado;
- postura ereta;
- olhar para um ponto fixo;
- posicionamento dos pés um a frente do outro com a ponta direcionada para a frente;
- durante o deslocamento sobre a fita de *slackline,* os braços encontram-se em um contínuo movimento de adução e abdução, como forma de compensação para manter o centro de gravidade estável;
- o movimento tem como o primeiro contato na fita a ponta dos pés e, posteriormente, o calcanhar (Pimentel; Awada, 2022).

Depois de conseguir se deslocar sobre a fita, conforme a técnica especializada do movimento, podemos treinar para outros níveis de equilíbrio corporal. Vejamos, a seguir, um modelo de aula avançada cujo objetivo é aperfeiçoar a resistência de membros inferiores e do equilíbrio estático.

Aquecimento:

1. Rotação e circundução das principais articulações.
2. Andar em linha reta no chão com a técnica do *slackline*: pés em posição tandem, iniciar pisada em ponta de pé, compensação do desequilíbrio pelos braços, joelhos semiflexionados, olhar em ponto fixo.
3. Andar no *slackline* (6 vezes).

Treino físico:

1. Alongamento dos músculos isquiossurais.
2. Alongamentos dos músculos reto femoral e iliopsoas.
3. Exercício de resistência para músculos anteriores da coxa.
4. Exercício de resistência para músculos posteriores da coxa.
5. Exercício de resistência para músculos laterais da coxa.
6. Exercício de resistência para músculos mediais da coxa.
7. Exercício de resistência para tríplice flexão dos membros inferiores.
8. Exercício de resistência para flexores plantares.
9. Exercício de resistência para dorsiflexores.

Treino técnico:

Drop knee / *foot plant* / buddha / buddha lateral.

Parte final:

Desmontar *slackline* e fazer alongamento.

As atividades avançadas seguem uma rotina próxima ao treinamento desportivo. A ordem de aulas, do ponto de vista técnico, segue a seguinte sequência: aprender e aperfeiçoar a base, aprender virar e andar de costas, aprender a se habituar às diferentes fitas, alturas e tensões, seguido por manobras estáticas, formas de subir utilizando o balanço da fita, manobras dinâmicas e, por fim, aperfeiçoamento de detalhes técnicos, com *feedback*.

> ### ||| *Curiosidade*
>
> ***Microaventuras*** é o nome dado a todas atividades de aventura conduzidas com a finalidade recreativa e educativa sem deixar de vivenciar características essenciais da aventura. Por exemplo, podemos brincar com carrinhos de rolimã como vivência relativa ao *skate*, o qual implica o deslizamento sobre o solo e o equilíbrio sobre uma base (*shape*).

Nos dois tópicos seguintes, analisaremos duas possibilidades mais específicas de atuação profissional com esportes ou paraesportes de aventura: treinamento experiencial e gerenciamento do treino na formação de atletas.

2.4 Treinamento experiencial na natureza

O treinamento experiencial na natureza consiste em conduzir pessoas a um ambiente diferente do cotidiano e requerer delas a solução de desafios, de forma coletiva e sob pressão. Em síntese, esse tipo de atividade é trabalhado por meio de dois modelos: *self-seeking* (autodescoberta) e treinamento empresarial.

Quadro 2.6 Autodescoberta e treinamento empresarial

Thinglass/Shutterstock — imagem "COMFORT ZONE"	**Autodescoberta**: Tem enfoque educativo. Público adolescente/jovem. Objetiva o conhecimento de si em ambiente colaborativo.
	Treinamento empresarial: Tem enfoque corporativo. Público adulto. Visa desbloquear habilidades empreendedoras úteis ao mercado.

Por que na natureza? Observe que o ambiente natural tem mais riscos imaginados. Na Grécia antiga, os candidatos à vida filosófica deveriam ficar amarrados e vendados no meio de uma floresta à noite. Se demostrassem coragem, eram admitidos na academia ateniense. Entre os espartanos, o ritual da Cripteia durava dois anos e lançava o jovem brutalmente em áreas rurais para sobreviver perante diferentes perigos. Em sociedades indígenas brasileiras, esses rituais de resistência à dor e de isolamento na natureza também consistiam no cerne dos ritos de passagem à vida adulta (Clastres, 2017).

Curiosidade

A atividade de aventura conhecida como *bungee jumping* é originária do ritual Naghol, que testa a coragem de jovens originários da Ilha de Pentecostes, em Vanuatu. Nas comemorações da colheita, eles são amarrados pelos tornozelos por cipós de videiras e saltam a 30 metros de altura. Portanto, por séculos, para aquele povo, é um ritual no limiar entre a vida e a morte que promove uma ida imaginária a outro mundo para que o praticante volte transformado da experiência (Thomassen; Balle, 2012).

Logo, a demonstração das virtudes ante a superação dos desafios que o ambiente selvagem impõe pode ser uma constante antropológica, no sentido de que diferentes sociedades o fazem. Entre a nobreza europeia, especialmente na aristocracia inglesa do século XVII, fazia parte da educação dos jovens passar de 6 meses a 2 anos pelo mundo via pedestrianismo ou navegação. Esse modelo de aventura educativa, no qual, na companhia de um tutor, explorava-se o mundo para a constituição de um espírito conquistador, era denominado *grand tour*, dando origem à palavra *turismo*. Como esse tipo de formação implicava riscos e era exclusiva aos rapazes, os balneários e as colônias de férias eram criados para contemplar um contato domesticado com a natureza e suas propriedades revigorantes ao estresse urbano (McAllister, 2021).

Em seguida, uma influência muito relevante na educação da juventude por meio de experiências na natureza foi o escotismo. Surgidos inicialmente como treinamento paramilitar na África do Sul, em 1907, os ideais cavalheirescos (lealdade, companheirismo, respeito, disciplina) foram infundidos por meio de atividades coletivas ao ar livre. No mesmo sentido, o ideal educacional do escotismo é que o jovem assuma responsabilidade com o próprio desenvolvimento pessoal. No campo da Educação Física, essa é uma influência muito importante nos modelos de recreação ambiental (Pimentel, 2019).

Recapitulando, já destacamos três modelos de treinamento experiencial na natureza destinado ao autoconhecimento na fase infanto-juvenil: rituais de passagem, *grand tour* e escotismo. Embora reelaboradas, essas vertentes ainda estão presentes no tempo presente, com variações. Além dos grupos tradicionais, observamos ritos modernizados da suspensão corporal até as experiências na natureza que, por meio do consumo de substâncias alucinógenas, buscam ampliar os sentidos e o "se encontrar". O excursionismo com mochilas e cajados em parques nacionais é um exemplo de releitura do *grand tour*. Além da popularidade do escotismo e suas ramificações (bandeirantes, desbravadores etc.), podemos identificar forte influência nos acampamentos de férias radicais, nos quais os participantes fazem provas como comando *craw*, trilha noturna, rapel, arvorismo, travessia aquática, rastejamento na lama e busca por alimentos.

Os modelos mais atuais de *self-seeking* na natureza geralmente prometem uma renovação psicológica, no sentido de superação de barreiras, angústias ou apatia na fase de desenvolvimento infanto-juvenil. Nessa versão mais focada em dinâmicas de grupo, pequenos grupos devem cumprir tarefas como andar em duplas na trilha, sendo uma delas com olhos vendados. Ao final de cada dinâmica, o coordenador faz questionamentos para que os participantes retirem um aprendizado relevante ao conhecimento de si (Peterson; Hronek, 1997).

Outro modelo educativo bastante em voga é o *outdoor adventure education* (OAE). Contra uma vida de tédio e ansiedade, o OAE enfatiza o desenvolvimento do estado mental ótimo focado em metas. As atividades na natureza forçam o envolvimento profundo em superar desafios e, por isso, são meios para reforçar comportamentos de autocontrole entre os estudantes. Durante a vida, espera-se que os participantes tenham ferramentas motivacionais para direcionar energia para uma vida mais produtiva. Um exemplo de OAE seria construir um filtro e depois procurar um riacho para coletar água. Ao final de cada atividade, o coordenador observa se o participante se autorregulou para ter comportamentos mais proativos (Sibthorp et al., 2015).

Para finalizar, os treinamentos de OAE ou de *self-seeking* são ainda restritos a um público elitizado no Brasil. Os contratantes costumam ser colégios particulares e departamentos de juventude congregacionais. Mas a influência dessa vertente parece ter chegado à Base Nacional Comum Curricular (BNCC), pois observamos que, a exemplo do OAE, os alunos devem desenvolver habilidades e competências por meio das práticas corporais de aventura (PCA). Um exemplo de competência para aulas de Educação Física escolar (**EF89EF20**) consiste em: "Identificar riscos, formular estratégias e observar normas de segurança para superar os desafios na realização de práticas corporais de aventura na natureza" (Brasil, 2017b, p. 239).

O outro segmento responsável por demandar condução de vivências em áreas naturais é o treinamento empresarial. Segundo Teodoro (2017), no Brasil, ao menos 25% das empresas de turismo de aventura ofertam programas com essa finalidade. Conforme a autora, as atividades ao ar livre geralmente são compostas de gincana, jogos cooperativos, *rafting*, caminhada de orientação, travessias de rios/lagos e tirolesa. Como no OAE, há ênfase no desenvolvimento de habilidades, em geral, de liderança e resiliência, para enfrentar desafios. Ao final das dinâmicas, há um momento direcionado para se obter a moral da história, mas, ao contrário do *self-seeking*, em que cada indivíduo encontra sua verdade, a conclusão é voltada para o cenário corporativo.

Vale lembrar que esse tipo de atividade costuma contratar profissionais de Educação Física. Em geral, nessa carreira se começa atuando em eventos de fim de ano das empresas ou em *workshops* curtos (*indoor*), nos quais são ministrados jogos, brincadeiras e dinâmicas de grupo (Teodoro, 2017). No outro extremo há os encontros imersivos de treinamento empresarial, que trabalham com índices críticos de risco calculado (> 6, ver Seção 2.1) e visam levar o quadro de gerentes ou vendedores a uma adrenérgica estimulação neurossensorial, como se fossem rituais de passagem.

Considerando técnicas de recreação e animação de grupos, é possível se especializar nesse segmento. Para incentivar sua formação, vamos concluir este tópico com uma amostra de três atividades (Quadro 2.7) que podem ser utilizadas no contexto do treinamento experiencial na natureza.

Quadro 2.7 Exemplos de atividades de treinamento experiencial na natureza

Dinâmica 1: Salve-me quem puder	Descrição: São divididos em grupos de 6 a 10 pessoas, que devem descer uma corredeira de boiacross. O objetivo é que todos cheguem juntos. Direcionamento da vivência: questionar a estratégia adotada pelo grupo, se houve surgimento de liderança, qual foi o nível de cooperação, como enfrentaram o perigo.

(continua)

(Quadro 2.7 – conclusão)

Dinâmica 2: Cabo do medo	Descrição: Criar um caminho guiado com barbante (ou corda fina) entre as árvores. Insira obstáculos de diferentes tipos, conforme o risco calculado para a clientela. Vendar o participante e colocá-lo no início do percurso, tendo este que chegar ao final. Direcionamento da vivência: pedir que a pessoa refaça o caminho sem a venda, a fim de ela perceber por si mesma como muitos medos surgem da imaginação e da ignorância.
Dinâmica 3: Inferno na selva	Descrição: Uma empresa de setor de reflorestamento tem vários setores que não estão trabalhando de forma coordenada. Para melhorar a comunicação, são organizados times com funcionários, sendo que, dentro de cada time, são formadas duplas unidas pelas mãos. Um detalhe: todos estão amordaçados, sem poder falar. O objetivo da missão é seguir um mapa que mostra onde encontrar peças de quebra-cabeças em espécies específicas no bosque. O grupo que montar o quebra-cabeça primeiro vence. Direcionamento da vivência: Inicialmente, as duplas terão de usar formas criativas para se comunicarem. Você irá organizar sempre um trabalhador que entende de mapas e outro que identifica árvores para a dupla. Os participantes da dupla terão de cooperar para cada qual usar seu conhecimento em prol da tarefa. Ao final, uma surpresa: nenhuma equipe conseguirá concluir o quebra-cabeça e haverá uma peça que não se encaixa. Na verdade, ela faz parte da solução da outra equipe, de modo que todos compreendam que, no trabalho na empresa, cada setor é a peça faltando, uma vez que complementa o serviço do outro.

2.5 Gerenciamento do treinamento em atletas de aventura

No senso comum, pensa-se que a inclusão do *parkour* como modalidade pela Federação Internacional de Ginástica (FIG) e do *skate*, da escalada e do surfe nos Jogos Olímpicos aumentará o público praticante. De fato, isso é uma evidência. Todavia, essas entidades também se beneficiam, uma vez que a audiência às competições depende do rejuvenescimento do conteúdo (Falcão, 2020).

Essa presença de modalidades – antes consideradas *outsider* – em competições internacionais tem impactos na carreira dos atletas de aventura profissionais. Um exemplo é o *skate*, que não era comandado por federações e confederações próprias. O modelo era muito mais associado às equipes patrocinadas pelas marcas especializadas. Da mesma forma, conforme aponta Bruhns (2009), em relação às práticas de aventura na natureza, quem quisesse praticar *raffiting*, rapel, arvorismo, voo livre, entre outras, provavelmente buscaria agências de turismo, e não clubes.

Por isso, atletas das modalidades de aventura estão cada vez mais inseridos em calendários de competições, incluindo desde eventos abertos a atletas recreativos até as seletivas para classificação aos mundiais. Você, na posição de profissional de Educação Física, precisa dominar essa ambivalência da aventura. A aventura pode incluir tanto o aspecto mais contemplativo como o mais competitivo, e, mesmo no risco calculado, o praticante está sujeito às emoções, de modo que é difícil dizer até onde vai o turismo e quando começa o esporte. Pode ser uma modalidade urbana ou na natureza, podendo, inclusive, ocorrer virtualmente (Pimentel, 2013; Dias, 2007).

Feita essa advertência, da amplitude que a aventura está alcançando, vamos nos focar na construção da carreira do atleta de aventura a partir de sua formação. Outrora, os praticantes dessas modalidades tinham uma identificação ideológica ou afetiva com o imaginário da prática. No *skate*, a contestação juvenil; no voo livre, o sonho de voar; no montanhismo, a integração com a natureza. Atualmente, já temos atletas que são filhos e netos de praticantes, além do impulso de profissionalização dado pelo aumento de injeção de recursos públicos e privados nas modalidades com mais visibilidade, como tem sido com o *skate street*. Assim, já se tornou mais comum a presença de olheiros e de pais-treinadores nas pistas.

Desse modo, podemos observar aumento de demanda por professores, técnicos e preparadores físicos (inclusive *personal trainner*) para atenderem à clientela em academias de escalada, escolas de iniciação esportiva, projetos sociais e, inclusive, em instituições educacionais, já que a BNCC incluiu as práticas corporais de aventura como conteúdo estruturante da Educação Física escolar (Brasil, 2017a).

Com relação à especificidade da gestão da carreira de atletas de aventura, podemos, pois, retomar as orientações dadas por Bramante, Pina e Silva (2020), observando primeiramente as características básicas do empreendimento na relação com o nicho de mercado. De maneira sintética, podemos destacar os seguintes aspectos a serem conhecidos:

- **O que o negócio irá ofertar?** Não se engane achando que, por exemplo, você oferta treinamento funcional para escaladores. Seu negócio não é o que se faz apenas, mas, principalmente, a imagem que passa. Por exemplo, os benefícios à qualidade de vida ou a contribuição para que os atletas alcancem seus objetivos. Logo, sua oferta deve se comprometer com o sucesso do que moveu o cliente para estar ali praticando esportes de aventura.
- **Há concorrentes?** Nesse aspecto, não é apenas se há outras academias, mas qualquer coisa que o cliente use como comparação. Na escalada, o caso da empresa 90 graus, de São Paulo-SP, é bem conhecido. A concorrência maior era o cinema, pois a escalada é, para a maioria da clientela, uma

forma de diversão. No entanto, quando as pessoas tinham preguiça em fazer o esporte, a diversão fora de casa mais procurada eram os filmes. Então, o proprietário sempre balizava o valor cobrado na academia com o gasto em cinema (Pereira, 2007).

Vale também considerar que é crescente a busca por *coach* entre atletas que buscam rendimento, mas não são nem serão profissionais. São pessoas que levam tão a sério a prática da modalidade a ponto de esta se constituir em uma segunda carreira. Portanto, em muitas pessoas, a realização pessoal não está no trabalho ou na fonte de renda, e sim em treinar para a modalidade. Esse fenômeno é chamado por Stebbins (2012) de *serious leisure*. Esse "lazer sério" é um estilo de vida e organiza a autoimagem e as relações sociais, formando grupos devotados ao esporte.

Outro fator a considerar é a responsabilidade profissional, uma vez que a formação do atleta de aventura ocorre em condições de risco controlado. Já vimos que o profissional de Educação Física fornece ferramentas para o atleta, gradativamente, saber gerir o próprio risco. Mas, por outro lado, é importante que a gestão dos riscos seja sempre seguida à risca para evitar danos indesejáveis. Ademais, a ausência de padrões profissionais pode levar a processos legais por:

- **negligência**, quando o agente deixa de praticar ato que deveria ter praticado;
- **imprudência**, se o agente pratica ato que não deveria ter praticado; ou
- **imperícia**, quando o agente pratica ato para o qual não possuía aptidão.

Feitas essas considerações, vamos adentrar na gestão da carreira do atleta. Os tópicos que devem ser ponderados no momento de avaliar o atleta são:

- vocação e interesse individual para a carreira (profissional ou recreativa);
- apelo de *marketing* para obter mídia e patrocínios;
- características fisiológicas e antropométricas;
- traços psicológicos mais explorados na modalidade; e
- tempo de formação necessária para se alcançar o ápice.

Na Educação Física, portanto, precisamos ter um olhar mais holístico, ou seja, integrar as diferentes facetas envolvidas na gestão da carreira de atletas no desporto/paradesporto de aventura. Em suma, quem educa só o físico não faz boa educação física. Nesse contexto, também sabemos que nossa especificidade na formação desportiva está em educar *para* e *pelo* movimento. Por isso, vamos concluir este tópico trazendo algumas noções sobre a complexidade da periodização do treino em atletas de aventura tomando como exemplo a escalada.

No Capítulo 5 deste livro você conhecerá algumas modalidades de aventura, entre as quais o montanhismo. Sabemos que o Brasil não tem montanhas altas, mas há um promissor mercado em relação à escalada, que pode ser direcionada a diferentes propósitos (saúde, aptidão física, lazer, profissionalização). Nos Jogos Olímpicos, por exemplo, podemos encontrar a prova de velocidade na escalada esportiva, que consiste em vencer a via no menor tempo. *Via* é o caminho selecionado para que o praticante possa chegar ao topo e conta com níveis de dificuldade.

Nessas provas, o sistema anaeróbico aláctico (ATP-CP) prevalece como fonte energética nas rotas curtas, como é o caso das vias de parede de escalada. Em escaladores de elite, as ascensões até 1 minuto exigem menos movimentos de mão e menor tempo de recuperação, embora com um esforço percebido maior (7-8 na escala de Borg) quando comparado a ascensões que duram de 1 a

2 minutos (5-7 de Borg), segundo Michailov (2014). A conclusão prática é que, quanto menor o tempo despendido, mais chances de conseguir chegar ao topo. Além disso, errar uma pegada não só gera mais desgaste físico, mas também afeta a autoconfiança.

Um dos aspectos fundamentais para o sucesso na carreira de escalador é o cuidado com o fortalecimento dos tendões. Para isso, além de ser necessária a preparação da musculatura profunda, o refinamento da técnica é essencial para prevenir lesões e aumentar a eficiência. Logo, desde o início da gestão da carreira de seus atletas (sejam eles recreativos, sejam profissionais), dê atenção aos tipos de empunhadura (pega, pegada) na agarra (reglete). O nome técnico dado à agarra é *reglete* ou *reglê*, mas há muitas outras variações. Portanto, o mais importante é o domínio do que seja a técnica. Observe a seguir os tipos mais comuns (Pereira, 2007; Fernandes, 2017):

- **Pegada com dedo (monodedo, bidedo tridedo)**: As reentrâncias da rocha ou agarras artificiais permitem contato apenas com um ou poucos dedos.
- **Agarrão**: Pegada que possibilita encaixar toda a mão na superfície, como se fosse em uma barra, usando até mesmo as duas mãos.
- **Batente**: Degrau maior que 3 cm e que permite usar uma mão. Há exigência alta das falanges distais.
- **Abaulado**: A agarra parece uma grande esfera e o escalador precisa usar a palma da mão para aderir a ela.
- **Pinça**: Pegadas em formato de pinça, ou seja, polegar e mão estão em direções opostas. No caso da escalada, há grande demanda energética e o antebraço é requisitado no trabalho de força.
- **Saboneteira**: Pegada com a ponto do(s) dedo(s) em uma cavidade muito rasa na rocha/parede.

Na modalidade, as áreas ósteo-musculares mais sobrecarregadas são: lombar, cotovelo e falanges distais da mão. As variáveis morfológicas e funcionais que mais afetam o rendimento são: força muscular dos grupos flexores e extensores do ombro e joelho; força de preensão manual; potência de membros inferiores e superiores; resistência de preensão manual; percentual de gordura; e habilidade técnica. O último fator diferencia finalistas de semifinalistas nas competições (Pereira; Manoel, 2008).

Logo, uma das vantagens da experiência é conseguir calcular efetivamente o esforço a ser empregado para um movimento, gastando, dessa forma, apenas a demanda energética necessária. Em termos de carreira, atletas com mais de cinco anos de experiência têm melhor técnica e equilíbrio psicológico. Por isso, é fundamental, considerando o ciclo olímpico (4 anos), supor que são necessários 2 ciclos de prática para que os talentos possam suportar treinamento olímpico nível pódio. Nesse caso, uma boa gestão esportiva precisa prever uma quantidade de etapas nacionais adequadas para a evolução técnica e psicológica do atleta.

Por outro lado, como ponderam Pereira e Manoel (2008), os campeonatos de escalada no Brasil abrangem diferentes níveis técnicos, parecendo uma reunião de amigos. A vantagem é que há abertura para se competir no esporte de modo escolar (formação/educação), profissionalmente (alto rendimento) ou por lazer. Nas competições de escalada, é comum que o iniciante tenha desempenho ruim, mas isso o motiva a querer ficar melhor – que, para ele, significa ficar forte. É nesse momento que a intervenção profissional é importante, porque, sem orientação, o atleta reproduz os treinos que vê na internet, mas os tendões/articulações não estão preparados para aquela massa muscular que rapidamente venha a crescer. Em alguns casos, a lesão articular pode resultar em 6 meses sem competir.

Logo, é fundamental que cada modalidade de aventura seja compreendida, a fim de se ter a preparação física mais funcional à especificidade da prova e à individualidade do atleta. Segundo Greco (2006), são necessárias adaptações para o treinamento na escalada. Vejamos no quadro a seguir os treinos mais importantes.

Quadro 2.8 Treinamento de escalada

Treino aeróbio: deve ser feito como base para sustentar a resistência, como qualquer atleta. 75% do VO2máx é requisitado em escalada na montanha, mas na escalada esportiva em parede se deve imaginar menor necessidade desse componente na obtenção de resultados esportivos.	Treino de força isotônica: a ser trabalhada na academia, adaptando-se à especificidade dos movimentos de escalada (exemplo: treinamento funcional). A ideia é fortalecer a musculatura para ações excêntricas e concêntricas, aumentando a tolerância à fadiga.
Giuliano Gomes de Assis Pimentel	Giuliano Gomes de Assis Pimentel
Treino de resistência aeróbia na parede, realizado em modalidade *top rope*, com o intuito de diminuir a complexidade técnica e ter uma movimentação contínua.	Treino na barra, com sobrecarga de pesos em pegada pronada, para ganho de força máxima da musculatura específica utilizada em movimentos da escalada.

(continua)

(Quadro 2.8 – conclusão)

Treino de força isométrica: deve enfatizar força máxima e resistência dos músculos. Para treinar força máxima, 3 a 5 séries de 1 a 5 contrações máximas de 6-8 segundos, com 2 a 3 minutos de descanso. No treino de resistência de força, 10 a 20 contrações de 30 a 60 segundos.

Treinamento técnico: deve buscar aperfeiçoar a habilidade e a coordenação. Para tanto, recomenda-se simular o grau de dificuldade real, com o mesmo grau de dificuldade (ar livre) ou diferentes graus de dificuldade (*indoor*).

Na imagem, o atleta Denys, da academia Apus, realiza a pegada primata no *fingerboard*, para fortalecimento dos músculos do antebraço e condicionamento dos tendões da mão.

Na imagem, a atleta Natália aplica as técnicas em uma via na rocha próximo ao seu limite técnico, colocando à prova as outras frentes de treino.

Por fim, é sempre importante lembrar que o ser humano é uma unidade biossocial, que se movimenta nas dimensões espaço, tempo e símbolo. Por isso, o treinamento de modalidades que são marcadas pelo risco é mais complexo de periodizar. Note, por exemplo, as diferenças de gênero. No Brasil, boa parte das mulheres é mais cautelosa que os homens na escalada. Logo, reconhecem mais francamente o medo, observando cuidadosamente a agarra antes de regletar. Com isso, elas procuram bom posicionamento corporal e acabam tendo mais desgaste por demanda de força estática. Esse comportamento, contudo, se formos olhar só o rendimento, prejudica as mulheres, pois o quadril mais largo que dos homens deixa o centro de gravidade mais baixo. Para compensar, a escaladora com essa característica anatômica precisaria se arriscar mais, lançando-se em bote. Todavia, culturalmente, as mulheres são mais incentivadas à prudência. Nesse sentido, conforme Pereira, Souto Maior e Ramallo (2020), a qualidade do treino físico e técnico é essencial para que a escaladora amplie sua confiança e autonomia para correr mais riscos calculados.

Agora que você teve um panorama de como o *coach* deve conduzir a carreira em esportes de aventura de modo complexo, vamos recapitular os principais conhecimentos sobre gestão das atividades e dos esporte de aventura?

Síntese

Conforme vimos neste capítulo, a cadeia produtiva do turismo de aventura pode ser dividida entre três setores: emissão, transporte e recepção. É neste último que estão os atrativos, que podem ser o turismo de aventura (mais focado no lugar ideal para a modalidade) ou o turismo de eventos esportivos (mais focado na atividade promovida em um determinado tempo).

Para o sucesso das atividades de aventura, é necessária a gestão dos riscos, considerando a probabilidade de algo acontecer e o dano potencial. No caso do turismo de aventura, o profissional de Educação Física estará sempre responsável por identificar os riscos reais e administrá-los, pois a experiência turística privilegia o risco imaginado. Já na formação de atletas (recreativos ou amadores), é importante que a autogestão dos riscos reais faça parte da carreira esportiva de aventura.

Vale destacar que as modalidades ainda podem ter uma finalidade educacional, como práticas corporais de aventura na Educação Física escolar, envolvendo procedimentos de iniciação, como as microaventuras. As sensações lúdicas associadas à aventura também podem ser exploradas em diferentes contextos recreativos. Já em relação às experiências na natureza, destaca-se o treinamento experimental destinado à autodescoberta e ao desenvolvimento de habilidades, embora também existam modelos mais focados na educação ambiental.

■ Atividades de autoavaliação

1. Em 2018, na Tailândia, durante um passeio, um técnico de futebol e 12 adolescentes do time Javalis Selvagens ficaram presos na caverna Tham Luang, que inundou rapidamente enquanto eles a exploravam. O resgate durou três dias em razão da alta complexidade da operação. Complete a frase a seguir usando as palavras corretas: O técnico cometeu _____ porque não conhecia o risco _____ afeito à modalidade espeleologia, que é considerada _____.

   Considerando a ordem dos termos, a resposta correta é:

   a) negligência; calculado; atividade de aventura.
   b) imprudência; imaginado; treinamento experimental na natureza.
   c) imperícia; real; turismo de evento esportivo.
   d) imprudência; admissível; esporte de aventura.
   e) imperícia; real; atividade de aventura.

2. Um influenciador está guiando um grupo de treinamento empresarial para o alto de uma montanha. Pela previsão do tempo, há 80% de chance de chover e ventar, o que levará a temperatura a cair. O dano direto é a hipotermia. Se a atividade fosse mantida e o *coach* fornecesse roupas térmicas aos clientes, qual teria sido o tipo de controle operacional adotado?

   a) Prioridade 1: eliminação do risco de o perigo acontecer.
   b) Prioridade 2: redução do risco de o perigo acontecer.

c) Prioridade 3: redução dos danos consequentes se o perigo acontecer.

d) Prioridade 4: ações para transferir o controle do risco a terceiros (bombeiros).

e) Nenhuma das alternativas anteriores está correta.

3. A respeito da cadeia produtiva do esporte e turismo, analise as afirmativas a seguir.

   I. O esporte de aventura está presente em todos os três grandes setores.

   II. A introdução do *serious leisure* foi o conceito original para o sucesso dos X-Games enquanto turismo de eventos esportivos de aventura.

   III. O imaginário social alimenta o *status* da aventura na natureza, que é um mercado em expansão para o profissional de Educação Física.

   IV. O Brasil é o principal destino de turismo esportivo do mundo.

   Agora, assinale a alternativa correta:

   a) Todas as afirmações são verdadeiras.

   b) Apenas a afirmação III é verdadeira.

   c) Apenas a afirmação I é falsa.

   d) As afirmações III e IV são verdadeiras.

   e) Nenhuma das afirmações é verdadeira.

4. A Base Nacional Comum Curricular (BNCC) da Educação Física determinou as práticas corporais de aventura como conteúdo estruturante da educação básica. Neste capítulo, você teve acesso à microaventura como tecnologia pedagógica. São características desse modo de ensinar:

   I. Considera o risco imaginado como ponto de partida à aprendizagem.

   II. É uma forma acessível, segura e lúdica de iniciação às atividades de aventura.

III. Necessita de materiais próprios das modalidades para a gestão de riscos.

IV. É direcionada às crianças a partir dos 12 anos, na fase motora fundamental.

Agora, assinale a alternativa correta:
a) Todas as afirmações são verdadeiras.
b) Apenas a afirmação III é verdadeira.
c) Apenas a afirmação I é verdadeira.
d) As afirmações I e II são verdadeiras.
e) Nenhuma das afirmações é verdadeira.

5. Suponha que você conduz a gestão da carreira de atletas profissionais do *surf*. Com base nos motivos para inclusão de esportes de aventura no Comitê Olímpico Internacional (COI) e na Federação Internacional de Ginástica (FIG), qual dos argumentos a seguir é o mais eficiente para convencer uma empresa do ramo de shampoos a patrocinar os surfistas?
   a) O mercado de turismo de aventura é o de maior crescimento mundial.
   b) A audiência do *surf* rejuvenescerá o perfil de consumidores da marca.
   c) Surfistas precisam consumir shampoo porque o mar danifica os cabelos.
   d) O nicho de mercado do *surf* não tem concorrência com o de shampoo.
   e) As características biossociais da modalidade valorizam a estética.

Atividades de aprendizagem

Questões para reflexão

1. Após o estudo do conteúdo deste capítulo, como você avalia sua motivação profissional para gerenciar experiências físico-esportivas de aventura?

2. Com relação às suas competências, você saberia organizar um macrociclo para *mountain bike*, *skate*, escalada ou *surf* para o próximo ciclo olímpico? Identificaria quais modalidades presentes nos X-Games são mais adequadas para ser incluídas no centro esportivo de sua cidade? Proporia à escola um plano de unidade de práticas corporais de aventura coerentes com a Base Nacional Comum Curricular (BNCC)?

Atividade aplicada: prática

1. Releia os procedimentos didáticos sugeridos na iniciação ao *slackline* ou as técnicas de empunhadura na escalada. Considerando sua realidade, proponha uma microaventura, um treinamento empresarial ou um *outdoor adventure education* (OAE) utilizando uma dessas modalidades.

   Agora que você planejou a atividade, faça a experimentação e, depois, busque – por meio da tipificação de Caillois (1990; 2017) – interpretar as sensações lúdicas e o nível de organização que sua dinâmica proporciona.

Capítulo 3

As práticas de aventura na perspectiva transdisciplinar

Erick Doner

Pesquisas atuais mostram que, nas últimas décadas, a organização das atividades tradicionais não apresentou elementos suficientes para uma aprendizagem efetiva. A renovação e a remodelação da educação escolar, em especial a educação física, advêm de seu conteúdo, sendo expressas por meio de várias abordagens pedagógicas. Tais abordagens, que são transferidas para a prática pedagógica mediante currículos estruturados, visam ao desenvolvimento de crianças e adolescentes a curto e a longo prazos. Assim, esportes de aventura apresentam um grande potencial interdisciplinar, uma vez que possibilitam a criação de conexões entre alunos, professores e conteúdos, fazendo com que crianças e jovens sejam capazes de transferir seu aprendizado para diversas situações. Em suma, uma abordagem transdisciplinar não está relacionada à interação apenas entre disciplinas, mas, principalmente, entre professores. Essa abordagem mais moderna visa reunir professores de diferentes disciplinas para resolver o problema do ensino eficaz.

3.1 A importância do movimento

No ambiente pré-natal, os batimentos cardíacos da mãe podem representar a primeira experiência rítmica. Em 400 a.C., o corpo humano demonstrou ter um impacto crítico em outros tipos de desenvolvimento. Por exemplo, Sócrates estudou e descobriu que a saúde física e os cuidados pessoais com o corpo tinham uma forte influência no desenvolvimento e na função da mente. Essas funções entrelaçadas (corpo e mente) levaram a conclusões filosóficas de que o indivíduo holístico é, na verdade, o indivíduo que tem um equilíbrio sólido entre ambos. Além disso, pesquisadores propuseram que corpo e mente estavam "tão inter-relacionados" que não poderiam ser considerados entidades separadas, ou seja, nem a mente consiste em faculdades ou elementos independentes, nem o corpo em órgãos e processos separados. Resumindo: o organismo é uma unidade única.

Nas crianças, o movimento simboliza sua resposta natural a estímulos – a música, por exemplo – e é vital para a experiência na primeira infância. Antes do desenvolvimento da linguagem, elas usam movimentos físicos e sons para se comunicar com o ambiente. De acordo com Hannaford (1995, p. 93, tradução nossa) "pensar é uma resposta ao nosso mundo físico, e o movimento é parte integrante de todo processo mental, desde o movimento atômico que dispara o movimento molecular que orquestra o movimento celular, até o pensamento que se manifesta em ação". Dessa forma, podemos concluir que as crianças usam o movimento para aprender a ouvir, interpretar, resolver e explorar.

De acordo com o estudo realizado por Cone et al. (1998), crianças que aprenderam habilidades acadêmicas por meio do movimento se desenvolveram melhor do que aquelas que aprenderam os mesmos conceitos dentro dos métodos tradicionais de aprendizagem. Desse modo, a educação física pode ser considerada uma área privilegiada para a aprendizagem interdisciplinar, pois a memória é aprimorada quando corpo e mente complementam o *feedback* um do outro, o que pode ser usado como um meio pelo qual as crianças tenham oportunidades de praticar e fortalecer as habilidades de linguagem.

Assim, a Educação Física no contexto interdisciplinar beneficia os alunos a enriquecer o aprendizado em todas as disciplinas acadêmicas, ao mesmo tempo em que valoriza o conhecimento e a experiência trazidos por outros professores. Como cita Jones (2010, p. 78, tradução nossa): "participar de atividades físicas regulares é um comportamento preventivo necessário para os jovens reduzirem os riscos de desenvolver doenças crônicas enquanto aumentam a qualidade e talvez a longevidade". Se a rotina das crianças consiste em ficar sentadas a maior parte do dia na escola, fazer a lição de casa à noite, além de jogar *videogame*, há um claro problema de saúde.

Em linhas gerais, em vez de ensinar os alunos a pensar apenas por meio de um único ponto de vista, o trabalho interdisciplinar permite que os alunos organizem e compreendam o conhecimento em vários campos de estudo. Nesse contexto, os esportes de aventura apresentam um imenso potencial acadêmico, pois estimulam e desafiam os alunos a considerarem múltiplas perspectivas.

3.2 Desenvolvendo habilidades por meio de atividades ao ar livre no recreio escolar

Você já pensou que o famoso parquinho (ou *playground*) da escola pode ser uma poderosa ferramenta recreativa ao ar livre, podendo, além de aprimorar as habilidades físicas das crianças, ser usado como instrumento de introdução a esportes de aventura no contexto escolar? Se a resposta for "não", vamos falar a respeito...

O recreio escolar tem uma combinação de supervisão, acesso e segurança que permite uma ampla gama de atividades físicas para crianças. Em muitos locais, o pátio da escola tem se tornado a principal opção para a participação das crianças em atividades físicas. Para se ter uma ideia, trabalhos relacionados à participação das crianças no engajamento em parquinhos durante o recreio sugerem que quase metade da atividade física diária de uma criança é proveniente desse local. Já pensou? Metade! Por isso, explorar e descobrir estratégias personalizáveis dentro do contexto recreativo escolar torna-se fundamental.

Pesquisas têm demonstrado que as estratégias utilizadas para melhorar os níveis de atividade recreativas ao ar livre (semanas de atividades temáticas, por exemplo) têm tido sucesso nos níveis de participação de crianças de todas as idades. Esse sucesso provavelmente se deva ao desejo das crianças de expandirem suas opções de brincar, uma vez que, na maior parte do tempo, são expostas às agendas constantes da escola.

Nesse sentido, uma ideia interessante seria a utilização desse importante espaço para introduzir algumas modalidades de aventura em semanas temáticas ou oferecê-las constantemente. Por exemplo, imagine o quão mágico seria poder ofertar – principalmente em uma escola pública – uma tirolesa ou um paredão de escalada? Para muitas crianças, isso seria um sonho, pois o acesso a esse tipo de atividade fora do ambiente escolar é pequeno, ainda mais se tratando do Brasil. Idealmente, o recreio escolar oferece oportunidades para as crianças praticarem habilidades de interação social, negociar com outras pessoas para atingir metas, formar amizades duradouras, apoiar colegas em dificuldades e aprender a administrar seus próprios comportamentos de risco. Embora o tempo social no parquinho possa parecer nada mais que uma pausa nas aulas, a quantidade e a qualidade do tempo podem ter implicações importantes para o desenvolvimento psicossocial e acadêmico. Para crianças menores, o nível de interação social com os colegas foi considerado positivamente associado ao desempenho acadêmico, enquanto o nível de interação social com os professores foi negativamente associado.

Antes de iniciarmos o planejamento de atividades ao ar livre no ambiente escolar, outra consideração importante é a diferença nos padrões de interação entre os gêneros. As interações sociais costumam ser diferentes para meninas e meninos durante atividades ao ar livre. Já foi relatado que meninas têm níveis mais altos de diversão para brincadeiras sociais e imaginativas, ao lado de mais tempo em brincadeiras de "faz de conta", que requerem planejamento com os colegas. Por sua vez, os meninos são mais propensos a se envolver em brincadeiras violentas, principalmente nos primeiros anos de escola.

A maioria das crianças em idade escolar anseia pelo recreio, considerando-o uma oportunidade para se envolver em atividades divertidas. Para uma minoria significativa de crianças, no entanto, o recreio é um momento em que o isolamento ocorre, pois são rejeitadas ou sofrem *bullying*. No entanto, com algumas estratégias simples, é possível minimizar esse risco.

Uma das soluções é a mobilidade dos supervisores. Os responsáveis devem se movimentar constantemente pela área do recreio para que todas as crianças estejam visíveis; dessa forma, todos saberão que, em caso de necessidade, terão apoio por perto. Certifique-se também de minimizar o uso de áreas (principalmente em se tratando de atividades de aventura) que estão fora da vista ou do alcance auditivo. Ao manter os alunos ativos e envolvidos, os supervisores podem ajudar a impedir o *bullying* antes mesmo de este começar. Lembre-se: os alunos que se sentem seguros na escola têm mais sucesso de ser fisicamente ativos e aprender a interagir.

3.3 Aprendendo por meio de modalidades de aventura

O aprendizado fora da sala de aula é conhecido por seus benefícios educacionais significativos. Além de ajudar a desenvolver habilidades técnicas, intelectuais e sociais, apresenta desafios de compartilhamento e tomadas de decisão. No ambiente escolar, essas atividades podem incluir várias formas de orientação, sendo uma delas a inclusão de esportes de aventura.

De uma perspectiva psicológica, esportes de aventura ajudam os alunos a desenvolver a atitude do "eu posso fazer", que pode ser aplicada a todos os aspectos da vida escolar. Outra característica é o estimulo do senso de determinação, que proporciona confiança para enfrentar desafios, além de se expressar e lidar com emoções. As atividades de aventura também ajudam os alunos a superar o medo, a ansiedade e o estresse físico por meio de atividades que vão de um circuito de escalada a uma caminhada/corrida com obstáculos. No entanto, frequentemente significa colocar as crianças fora de suas zonas de conforto e expô-las a cenários aos quais não estão acostumadas. Isso pode parecer – do ponto de vista infantil – difícil ou perigoso, mas faz parte do processo de ensiná-los sobre riscos e segurança. É papel do professor de Educação Física planejar e colocar em ação situações que possam proporcionar o máximo desenvolvimento mental com o mínimo de risco. Por exemplo, no Reino Unido, o Currículo Nacional de Educação Física exige que os professores ofereçam oportunidades de participação em atividades ao ar livre e esportes de aventura. A ideia é apresentar aos alunos desafios intelectuais e físicos que incentivem o trabalho em equipe, criando confiança e capacidade de resolução de problemas. Essa é uma chance de promover o ensino transcurricular, por meio do qual os alunos podem melhorar a própria aprendizagem e o desempenho, com aplicações em outras disciplinas curriculares básicas, como Matemática, Geografia e Ciências.

Alternativamente, o foco no desenvolvimento pessoal e social usando habilidades básicas relacionadas a atividades ao ar livre pode ser alcançado por meio de uma série de jogos de confiança, exercícios de construção em grupos e atividades de resolução de problemas que promovam sentimentos de cooperação. Esportes de aventura também aumentam a capacidade dos alunos de trabalharem juntos e desenvolverem um senso de responsabilidade. Uma boa estratégia (que também é usada em algumas escolas europeias) é a implementação de atividades ao ar livre já no início do ano letivo, particularmente para alunos que fazem a transição do ensino fundamental para o ensino médio, quando a construção da confiança é especialmente valiosa.

Além disso, os professores de Educação Física também precisam estar abertos a novos tipos de exercícios, os quais as crianças possam realizar em casa. Essa estratégia tem como objetivo promover transferências entre atividades domiciliares e escolares, especialmente para aquelas crianças que parecem ter falta de confiança.

3.4 Gerenciando riscos, benefícios e segurança

Estudos preliminares demonstram que atividades ao ar livre, com orientação adequada, podem promover o desenvolvimento de habilidades motoras e sociais. O pré-requisito para isso, no entanto, é que a saúde e a segurança dos alunos não sejam colocadas em perigo. Situações de risco devem ser pesquisadas, e, principalmente, **prevenidas** com antecedência.

A sensação de segurança dos alunos, bem como o risco percebido podem ser muito diferentes de um indivíduo para outro. Por isso, a compreensão de segurança resulta na necessidade de a atividade adaptar-se às necessidades e aos pré-requisitos individuais, sendo planejadas e implementadas de maneiras diferentes.

Por exemplo, a utilização de um circuito de arvorismo não deve ser encarado apenas como uma oferta lúdica isolada, mas sim como uma ferramenta de desenvolvimento e recreação, pensada como componente de um planejamento transdisciplinar de médio ou longo prazos. Mas, pensando em gerenciamento de riscos, benefícios e segurança, alguns **princípios** pedagógicos devem ser observados:

- A seleção das atividades deve ser realizada no contexto de sua transferibilidade para o dia a dia.
- A segurança e a liberdade de escolha devem estar sempre presentes.
- Devem ser priorizadas atividades das quais todos tenham condições de participar.
- No contexto do *bullying*, a dinâmica de grupo deve ser encorajada e a pressão dos colegas deve ser evitada.
- A responsabilidade pessoal dos envolvidos deve ser incentivada e exigida.
- Deve-se encorajar o senso de responsabilidade para com as outras partes envolvidas.

Como **pré-requisitos** antes da implementação de esportes de aventura na escola, destacamos que todas as atividades ao ar livre, principalmente, os esportes de aventura, têm um perfil especial no que diz respeito a possíveis ocorrências de estresse físico ou psicológico. Por isso, o máximo de informações devem ser obtidas pelos professores por meio do relato dos responsáveis, por exemplo, lesões prévias, asma, medo de altura ou claustrofobia.

Se forem utilizados fornecedores de equipamentos (por exemplo, cordas, cadeirinhas, mosquetão) ou profissionais externos à escola, o professor deve verificar com antecedência se as empresas/os profissionais estão em conformidade com os padrões e normas atuais de segurança.

3.5 Ambivalência pedagógica

Literalmente, *ambivalência* significa "valor duplo". Na educação esportiva, a ambivalência recebe atenção particular, pois o esporte é pedagogicamente ambivalente – por exemplo, pode conduzir ao sucesso esportivo, mas, ao mesmo tempo, trazer danos ao corpo. Nesse contexto, aventurar-se na ação esportiva é agora particularmente caracterizado pela ambivalência, com o sucesso sendo avaliado positivamente e o fracasso, em regra, negativamente. Antes de esboçar os lados positivos e negativos do sucesso e do fracasso nos esportes de aventura, devemos ter a consciência de que tais observações se referem ao contexto escolar.

3.5.1 O sucesso

O **lado positivo** do sucesso é, sem dúvida, o foco de interesse na educação relacionada aos esportes de aventura. Por essa razão, a seguir preparamos uma lista com os efeitos pretendidos e não confirmados empiricamente. Assim, do ponto de vista do participante, as atividades devem contribuir para:

- promover a autoeficáfica das próprias ações;
- fortalecer a autoconfiança e a autoestima;
- experimentar decepções e processá-las de maneira construtiva;
- experimentar sentimentos de ansiedade de modo construtivo e encorajar a si mesmo;
- testar a identidade de modo lúdico, a fim de tornar-se autoconsciente, encontrando uma avaliação realista;
- assumir responsabilidades;
- conhecer e avaliar sua própria segurança.

Essa enumeração dos efeitos pretendidos pedagogicamente poderia certamente ser estendida, mas – com uma visão crítica – ela pode também ser reduzida.

Agora que já apresentamos o lado positivo, abordaremos, a seguir, o **lado negativo** do sucesso.

O componente de risco pode representar situações de desempenho particularmente expostas. Associado a isso está o risco de se arriscar voluntariamente ou involuntariamente porque outros estão olhando. Afinal, quem pretende recuar quando todos os colegas estão observando?

Esse tipo de componente deve ser levado em consideração, demandando o seguinte questionamento: O risco assumido ocorre porque terceiros estão assistindo ou porque todos teriam de renunciar se o colega desistisse (Rheinberg; Vollmeyer; Rollett, 2000)? Ou seja, você ousa porque sente que está sendo observado ou porque não pode dar um passo para trás sem perder o prestígio? Desse modo, é melhor se arriscar (e, muitas vezes, com consequências graves) do que recuar conscientemente.

A partir dessa reflexão, nós, professores, devemos criar um ambiente educacional que minimize a pressão e a necessidade de assumir riscos, evitando os "testes de coragem" e fazendo com que a desistência não prejudique a reputação do aluno.

3.5.2 A espiral de aumento

Assumindo um processo de risco linear e irreversível, o sucesso é seguido pelo desejo de um risco cada vez maior. O problema é óbvio: em um futuro próximo ou distante, aqueles que buscam metas esportivas cada vez mais ousadas se depararão com um limite perigoso, na medida em que o controle relacionado à competência seja complementado ou mesmo substituído por uma confiança na sorte ou no destino. Nesse sentido, cabe o seguinte questionamento: É possível apoiar tal tendência do ponto de vista educacional?

Em contextos educacionais, os professores devem sempre estabelecer limites vinculativos, estabelecendo regras de interrupção, por assim dizer, a fim de descartar qualquer possibilidade de autossuperestimação com o risco de vida. Além disso, cabe a reflexão sobre as ideias de inviolabilidade dos jovens, por exemplo, em discursos como: "isso não acontece comigo, porque sou bom demais".

3.5.3 O fracasso

De modo figurado, o lado escuro do fracasso é o reverso do lado positivo do sucesso. Desse modo, caso haja a falha, automaticamente a autoconfiança e a autoestima podem ser afetadas, gerando ênfase negativa nos sentimentos de medo e desapontamento. Em outras palavras, os limites da própria capacidade são dolorosamente experimentados, enquanto o espaço para ação e movimento será reduzido.

Em última análise, o fracasso pode até ser seguido por fraturas e lesões. Esse cenário é certamente exagerado, mas ainda assim orienta nossa atenção pedagógica e dá origem a diferentes estratégias relacionadas à prevenção.

3.6 Recomendações didáticas para esportes escolares

Tendo em vista a variedade de aspectos didáticos e metodológicos que surgem da ambivalência dos esportes de aventura, consideramos os seguintes pilares para um planejamento didático:

1. ***Feedback* das emoções**: Após a atividade, os alunos podem relatar ao professor a tensão que eles experienciaram tanto no sucesso quanto no fracasso. De acordo com esse relato, um planejamento mais adequado pode ser desenvolvido e discutido pelos professores.

2. **Debates em sala**: Como parte de uma discussão em classe, descrições individuais de comportamento desejáveis e indesejáveis podem ser externadas. Por exemplo: "eu participei porque sabia que os outros estavam assistindo" ou "eu só pulei porque o colega que estava atrás de mim me pressionou". Nesse tipo de dinâmica, também é possível identificar se a atividade está sendo encarada realmente como um esporte de aventura.
3. **Estabelecimento de reflexão conjunta com atividades extracurriculares**: Até que ponto os alunos podem usar a experiência de risco adquirida em atividades de aventura em outras disciplinas e fora da escola?

Resumindo: apesar dos efeitos colaterais supostamente negativos do fracasso, este também pode ser visto como uma oportunidade de encontrar uma autoimagem realista e de ter experiências que apoiem a identidade. Por último, mas não menos importante, uma compreensão pedagógica das atividades esportivas é essencial para podermos tomar decisões didáticas bem fundamentadas, ou seja, se a vida ficar entediante, não arrisque, mas se aventure (Pfitzner, 2001).

3.7 Olhando além da Educação Física

A diversão deve ser um dos pilares na prática de esportes de aventura. Muito mais importante do que ganhar ou perder é a experiência que os jovens têm consigo e com os outros ao praticarem esportes. Em modalidades tradicionais, como futebol ou atletismo, o resultado final é sempre qual time marcará mais gols ou quem cruzará a linha de chegada primeiro. Sem dúvidas, o sentimento de competição é um incentivo importante, e o desempenho é um elemento central no esporte. Mas, especialmente no caso de alunos com baixo desempenho escolar – e aí entra o olhar transdisciplinar – é de grande importância que eles não apenas associem o esporte à competição e às derrotas. O caráter informal e a padronização de referências individuais das modalidades de aventura podem evitar experiências de frustações referentes à competição, motivando os jovens a participar do esporte. Isso é importante, porque estar motivado é um pré-requisito para a educação em todas as áreas do conhecimento.

Do ponto de vista escolar, a missão é acompanhar as crianças e os jovens em sua socialização e prepará-los para a vida futura. Sendo assim, o ambiente espacial, geográfico e sociocultural dos jovens deve ser levado em consideração tanto na seleção quanto na apresentação dos conteúdos de aprendizagem, requisito que, na educação esportiva, é referido como o princípio didático de estar "perto da vida". No entanto, mais do que isso, sobretudo o conteúdo deve ser relevante para os alunos. Assim, ao introduzir esportes de aventura, a escola pode construir práticas esportivas que diminuam a diferença entre o esporte escolar e o extracurricular, o que fará com que um número maior de alunos possa ser atendido em seus interesses, sendo mais facilmente inspirado pelo esporte.

3.8 Esportes de aventura: igualdade de acesso a esportes exclusivos

Existem basicamente duas demandas centrais no esporte escolar. Por um lado, deve-se desafiar crianças e jovens em seu desenvolvimento individual por meio do esporte e da brincadeira; e, por outro, deve-se educar para o esporte.

Pensando nisso, habilidades motoras básicas e habilidades motoras esportivas especiais (bem como habilidades de coordenação e condicionamento) devem ser aprendidas. Além disso, a educação física deve tornar tangível a diversidade da cultura esportiva atual. Esta, em particular, é crucial para a legitimação dos esportes de aventura nas escolas, pois a distância entre as classes sociais está aumentando, e, ao integrar as modalidades, todos os alunos podem ter igual acesso aos esportes, em sua maioria, exclusivos. As barreiras de acesso são principalmente os requisitos materiais, a exemplo dos altos custos de aquisição de equipamentos esportivos, bem como as barreiras sociais relacionadas aos cenários especiais dos esportes de aventura. Nesse sentido, será que nossas aulas estão proporcionando uma diversidade cultural esportiva?

3.9 Integração por meio dos esportes de aventura

Constrangedor, chato, irrelevante e *sem significado pessoal* – estes são alguns dos termos que os alunos dos ensinos fundamental e médio têm usado para descrever a Educação Física (Cothran; Ennis, 2000). Por essa razão, para que professores atendam às necessidades de seus alunos, eles precisam ir além do ensino tradicional. Assim, a educação integrada por meio dos esportes de aventura pode se tornar um modelo curricular na Educação Física, visando envolver alunos em tarefas em grupo e desafiando-os em diversos modelos de esporte, muitas vezes não vistos na Educação Física tradicional.

Esse novo modelo de aprendizagem (baseado nos esportes de aventura) pode ser direcionado por cinco pilares:

1. desafio;
2. cooperação;
3. risco;
4. confiança;
5. resolução de problemas.

Lembramos que o aprendizado baseado em esportes de aventura pode ser usado para ajudar os alunos a se desafiar, a cooperar, a assumir riscos, a confiar em si mesmos (e nos outros) e a resolver problemas com a ajuda e a orientação de professores no ambiente escolar. Além disso, a aprendizagem baseada em esportes de aventura fornece um conjunto único de desafios.

Quanto à relação entre aprendizagem e esporte de aventura, uma recente revisão sistemática realizada por Lee e Zhang (2019) avaliou os efeitos dos esportes de aventura nos resultados físicos e psicológicos de alunos dos ensinos fundamental e médio. A pesquisa apresentou evidências de que a aprendizagem baseada nesse modelo tem uma influência positiva nos resultados físicos e psicológicos no ambiente escolar. Com base nas conclusões dos artigos extraídos, a revisão demonstrou resultados expressivos no que diz respeito ao prazer, à autoexpressão, à disposição e à interação social. Além disso, os desenvolvimentos emocionais e sociais apresentaram um papel de destaque no que se refere à aprendizagem baseada em esportes de aventur (Lee; Zhang, 2019).

3.10 A transdisciplinaridade e os esportes de aventura

Como visto, dar a oportunidade de crianças praticarem esportes de aventura no ambiente escolar não apenas pode aumentar os níveis de atividade física, mas também oferecer benefícios de saúde em geral, desempenho acadêmico e habilidades sociais. Mas não é só isso: a prática também pode abrir a porta para uma série de caminhos profissionais. Listamos alguns desses benefícios a seguir:

- **Benefícios físicos**: Ter acesso a esportes de aventura leva a uma melhoria acentuada na alfabetização física em termos de equilíbrio, agilidade e coordenação. Praticar tais esporte regularmente é uma ótima forma de exercício que traz muitos benefícios.

- **Benefícios transdisciplinares**: Esportes de aventura podem oferecer a oportunidade de ensinar aspectos de outras disciplinas. Por exemplo, quando você começa a puxar uma corda em uma parede de escalada, é possível ensinar as forças envolvidas e como usar as roldanas para maximizar sua força de tração, ou seja, princípios de matemática e física.
- **Inclusão**: Esportes de aventura são excelentes alternativas de inclusão para crianças com dificuldade em participar de modalidades esportivas tradicionais.
- **Benefícios profissionais**: Em razão da demanda de mão de obra qualificada, o domínio de algumas modalidades (como a escalada, por exemplo) pode acender a "faísca" profissional em adolescentes, fazendo com que, no futuro, possam se tornar instrutores e prestadores de serviço nessas modalidades.

3.11 Além do futebol e do vôlei

Ouvir de nossos alunos (ou mesmo filhos) que eles querem aprender a jogar futebol, entrar para o time da escola, ter aulas de artes marciais ou se tornar o próximo Neymar Jr. é muito emocionante. Afinal, já sabemos que ser ativo desde cedo oferece enormes benefícios para o desenvolvimento físico e emocional de uma criança. Alguns arranhões e hematomas podem estar envolvidos, é claro, mas essa é a beleza da infância. No entanto, o que acontece quando nossas crianças começam a ver a prática do futebol como uma alternativa chata e preferem praticar atividades como escalada, arvorismo, paraquedismo, surfe, caiaque ou BMX?

A reação inicial pode ser uma mistura de negação e diversão moderada. Podemos pensar: "eles realmente não querem isso, é apenas uma fase porque viram esses esportes na TV e acharam legal". No entanto, você não deve descartar o interesse de seus alunos por esportes radicais, muito menos tentar controlá-los. Embora, a princípio, essa tendência pareça ir contra a infinidade de medidas de segurança, os esportes de aventura estão mais populares do que nunca, com algumas modalidades se tornando olímpicas, por exemplo.

Também rotulados como *esportes alternativos*, essas atividades podem realmente parecer perigosas para professores, que temem que seus alunos possam se machucar seriamente no processo, mas a superproteção ou o zelo excessivo podem impedir alunos em idade escolar de se desenvolverem adequadamente.

Uma das possíveis razões pelas quais as crianças demonstram tanto interesse por esportes de aventura é porque eles oferecem mais liberdade. Esportes coletivos populares, como futebol e vôlei, são tão comuns que são incluídos no currículo escolar, o que significa que são fortemente regulamentados e controlados. Em muitas escolas (e nós sabemos disso), os alunos não tem outra escolha senão jogá-los. Os meninos são pressionados a ingressar no time de futebol e as meninas a jogar vôlei. Há pouco espaço para a liberdade de expressão e também as crianças são designadas para times com colegas que podem ser muito competitivos. Várias crianças nascem para se destacar em esportes coletivos, o que é ótimo; porém, nem todas são iguais.

Uma parcela significativa dos alunos considera as regras e a estrutura dos esportes coletivos muito restritivas e gostaria de praticar outra modalidade. Quando forçamos uma criança a escolher entre futebol e vôlei, muitas acabam perdendo o interesse pelo esporte em geral e se tornam sedentárias desde cedo. Isso pode ser evitado se pais e professores forem mais abertos aos esportes de aventura. Do ponto de vista psicológico, a redução dos níveis de estresse e ansiedade, bem como o aumento no foco, promovem benefícios que vão além das aulas de Educação

Física. Além disso, é uma unanimidade entre pesquisadores os benefícios físicos relacionados ao aumento de força e à resistência. Alunos que praticam esportes de aventura aprendem a ter mais confiança e a expressar sua individualidade por meio da atividade física. Longe de se tornarem rebeldes, eles podem, na verdade, correr um risco menor de abandonar a escola ou desenvolver vícios.

De acordo com Morizot e Kazemian (2015), uma das razões pelas quais tantos adolescentes se tornam caçadores de sensações é porque seus pais foram superprotetores e não os deixaram se expressar por meio de diversos esportes na infância. Para termos uma ideia da importância da prática de tais esportes, na década de 1990, psicólogos noruegueses encorajaram adolescentes com problemas com drogas a praticarem esportes de aventura. Depois de alguns meses, esses jovens apresentaram reduções no consumo de drogas, melhoraram o desempenho na escola e não demonstraram mais tendências antissociais e criminosas.

A segurança é a principal razão pela qual pais e professores não permitem que seus filhos/alunos pratiquem esportes de aventura, e, embora essa seja uma preocupação legítima, é importante ter em mente que parte disso decorre dos próprios medos dos pais e professores. Como em qualquer esporte, existe o risco de lesões, mas essas lesões não são necessariamente mais perigosas do que as observadas no futebol ou em outros esportes coletivos. Se os alunos praticarem esportes de aventura em ambientes seguros e sob supervisão de profissionais treinados, as chances de lesão se tornam menores que as do futebol, por exemplo. Ainda sobre segurança, um argumento a se levantar é: Você impede seu filho/aluno de praticar natação porque ele pode se afogar? A resposta provavelmente será "não", e isso acontece porque sabemos que, embora a água seja perigosa, esse é um ambiente seguro e com profissionais treinados.

Em algumas situações, é realmente mais seguro porque os alunos estão usando equipamentos de segurança, como capacetes, colchões, cadeirinhas, mosquetões etc. Isso definitivamente é mais seguro do que ser atingido por um "carrinho" por trás durante um jogo de futebol. Assim, podemos concluir que acidentes e lesões fazem parte de qualquer esporte e, desde que os alunos pratiquem esportes de aventura em ambientes seguros, sob supervisão, as chances de lesões são mínimas.

3.12 Aprender com a aventura: habilidades que podem ser ensinadas fora da sala de aula

Aprender fora da sala de aula por meio de atividades de aventura pode ter benefícios educacionais significativos. Isso ajuda as crianças a desenvolver habilidades técnicas, intelectuais e sociais, superando desafios e compartilhando decisões. Tais atividades podem incluir várias formas de orientação, usando, por exemplo, uma parede de escalada, jogos e tarefas de resolução de problemas.

Do ponto de vista psicológico, os esportes de aventura ajudam os alunos a desenvolver uma atitude de "eu posso fazer" que pode ser aplicada a todos os aspectos da vida escolar. Eles incutem um senso de determinação que lhes dá confiança para enfrentar desafios, expressar e lidar com emoções.

Atividades de aventura também ajudam os alunos a superar o medo, a ansiedade e o estresse físico. Muitas vezes, isso significa colocar as crianças fora de suas zonas de conforto e expô-las a cenários a que não estão acostumadas. Essas podem ser situações que elas percebam como muito difíceis ou potencialmente perigosas, mas fazem parte do ensino sobre riscos e segurança.

É nosso papel, assim, planejar e colocar em ação situações que possam proporcionar o máximo desenvolvimento mental, mas com o mínimo de risco. No Reino Unido, o currículo nacional de Educação Física exige que os professores ofereçam oportunidades para a prática de atividades ao ar livre e de aventura. A ideia é apresentar aos alunos desafios intelectuais e físicos e que os encorajem a trabalhar em equipe, construindo confiança e habilidades de resolução de problemas.

Por outro lado, também há benefícios acadêmicos. Essa é uma oportunidade para promover o ensino transdisciplinar por meio do qual os alunos podem melhorar a própria aprendizagem e o desempenho, melhorando suas competências com a aplicação em outras disciplinas curriculares essenciais. Alternativamente, o desenvolvimento pessoal e social usando habilidades básicas relacionadas a atividades ao ar livre pode ser alcançado por meio de jogos, exercícios de construção de equipe e atividades de resolução de problemas que promovam um sentimento de cooperação.

Esportes de aventura também aumentam a capacidade dos alunos de trabalhar em conjunto e desenvolver um senso de responsabilidade. Muitos deles são particularmente adequados para o início do ano letivo para alunos que fazem a transição do ensino fundamental para o ensino médio, quando a construção da confiança é especialmente valiosa. Os professores de Educação Física também precisam estar abertos a novos tipos de exercícios que as crianças possam praticar também em casa, principalmente aquelas que parecem não ter confiança.

Também vale ressaltar que as atividades de aventura são ideais para envolver todos os alunos (incluindo aqueles com necessidades de aprendizagem adicionais). Com adaptações mínimas, os jovens podem trabalhar cooperativamente em um nível adequado às suas necessidades.

3.13 A influência do ambiente: uma experiência finlandesa

A Finlândia é um ótimo estudo de caso a ser examinado por conta de seu sucesso na educação de alta qualidade e desempenho acadêmico consistentemente elevado. Sua cultura de *design* escolar de alta qualidade, ênfase curricular no acesso frequente a atividades ao ar livre (apesar do inverno rigoroso), alta qualidade disponível para todos os alunos sem custo e a recente implementação de um programa em nível nacional para promover a atividade física faz desse país uma referência quando o assunto é educação.

Esse nem sempre foi o caso. Nos últimos 30 anos, o sistema escolar na Finlândia deixou de ser um sistema de educação medíocre para ser um dos melhores do mundo. Os resultados impressionantes da reforma escolar foram alcançados por meio de uma filosofia de igualdade de oportunidades e apoio, incluindo acesso gratuito, refeições nutritivas e serviços de saúde na escola, aprendizagem baseada na diversidade (baseada na escolha e em incentivos) e o forte e contínuo desenvolvimento profissional dos professores.

O sistema educacional finlandês enfatiza o tempo frequente e abundante ao ar livre durante o dia como parte da experiência de aprendizado, mesmo em invernos extremos. Não se trata especificamente de atividade física ou esportes de aventura, mas de muitos outros benefícios ao fazer uma pausa entre as aulas e aprender fora dos limites tradicionais, ou seja, oferecendo uma experiência de real transdisciplinaridade.

Muito desse sucesso se deve à arquitetura das escolas, que são projetadas para facilitar a transição entre o ambiente interno e o externo, fornecendo espaços apropriados, onde as crianças podem colocar e tirar as roupas de inverno rapidamente, pois na Finlândia a neve é rigorosa. Esses grandes espaços de transição são projetados intencionalmente, com estruturas no piso que capturam a neve e permitem a limpeza das botas. Além de pias, bancos, secadoras de roupas e prateleiras, os alunos tiram os sapatos, caminham para a sala de aula de meias e tudo fica em ordem para a próxima experiência.

Pesquisadores de outros países com clima subártico consideraram o rigoroso inverno como uma barreira para a atividade física (incluindo as atividades de aventura), citando o tempo e a complicação de preparar as crianças para sair e depois limpá-las como uma das razões pelas quais as crianças não saem para brincar enquanto estão na escola. Considerando o clima mais extremo da Finlândia, o fato de 87% dos alunos passarem o recreio e 15 minutos a cada período de 45 minutos praticando atividades ao ar livre é impressionante.

Com esse exemplo, fica a reflexão: Em termos de estrutura e logística, o que pode ser feito para estimular a prática de esportes de aventura no ambiente escolar?

3.14 Razões para incluir os esportes de aventura na escola

Não há dúvidas sobre a importância da atividade física regular na vida de uma pessoa, pois, além de ajudar na saúde física, também contribui com o emocional. Assim, incluir atividades físicas desde a infância é uma excelente ideia. No entanto, as demandas esportivas entre crianças e jovens vêm mudando, e os esportes tradicionais, como futebol e vôlei, já não são suficientes.

Como visto, esportes de aventura podem oferecer benefícios físicos, psicológicos e sociais imensuráveis, e é por isso que devemos pensar nessas atividades no currículo escolar. Considerando tais benefícios, incluir esportes de aventura na escola pode ser um grande aliado de pais e professores na busca por uma melhor formação. Pensando nisso, na sequência apresentamos algumas razões para tornar o esporte de aventura parte do currículo escolar:

- **Saúde**: Assim como em outras modalidades esportivas, atividades de aventura podem ajudar os alunos a se manter saudáveis, auxiliando na prevenção de doenças indesejadas. Um dos benefícios mais importantes é a redução do risco de obesidade, que atualmente ganha *status* de pandemia. Os alunos podem se beneficiar também de maiores níveis de aptidão cardiovascular, redução dos níveis de açúcar e pressão arterial.
- **Manutenção de bons níveis de aptidão física**: Esportes de aventura podem ajudar a evitar a formação de depósitos de gordura em excesso, auxiliando na manutenção de um peso adequado. Além disso, podem auxiliar no desenvolvimento de uma boa postura e coordenação óculo-pedal, o que melhora o equilíbrio. Ainda, por serem atividades com altos níveis de emoção, esses esportes podem reduzir o tempo excessivo gasto em frente as telas (*videogames*, televisão, computadores, celulares e tablets).
- **Autoestima**: Diversos estudos observaram que esportes de aventura podem melhorar a autoestima e a autoconfiança em crianças e jovens. Eles aprendem a receber críticas construtivas e a trabalhar em suas fraquezas até que percebam a própria evolução.
- **Habilidades de liderança aprimoradas**: Esportes de aventura exigem não apenas o papel do participante, mas também de um líder. Saber conduzir um parceiro(a) em uma parede de escalada, por exemplo, exige muita responsabilidade. Saber lidar com esse tipo de situação aumentará a capacidade de liderança.
- **Condicionamento emocional**: A liberação hormonal gerada pelos esportes de aventura é capaz de aumentar a sensação de bem-estar e reduzir a depressão. Assim, crianças e jovens que praticam tais atividades têm maiores chances de se tornarem adultos emocionalmente aptos.

- **Socialização**: Fazer parte de um grupo que pratica esportes de aventura contribui, e muito, para a interação com pessoas de todas as idades. Desse modo, fazer amigos e respeitar as diversidades com uma mentalidade mais aberta se torna mais fácil. Isso gera coragem e confiança para avançar em todas as circunstâncias.
- **Disciplina**: Esportes de aventura ensinam qualidades importantes de disciplina que podem atuar como "propulsores" em muitos aspectos da vida. Por isso, o envolvimento contribui para o desenvolvimento de disciplina mental, física e tática, uma vez que crianças e jovens aprendem o respeito às regras e ao professor. Isso permite que os alunos utilizem todo o seu potencial e, assim, atinjam seus objetivos – fatores críticos para alcançar o sucesso.
- **Desempenho escolar**: Estudos mostram uma conexão positiva entre atividades esportivas e melhora da memória e das funções cognitivas. Além das questões fisiológicas que envolvem tais ganhos, um aluno fisicamente ativo planejará suas aulas de forma mais inteligente (por conta da disciplina esportiva), obtendo melhores resultados acadêmicos.
- **Trabalho em equipe e cooperação**: Competições e jogos esportivos precisam de cooperação, coordenação e trabalho em equipe. Na escalada, por exemplo, a cooperação é vital para o sucesso, sendo exercitada do primeiro ao último dia da atividade. Essas habilidades com certeza ajudarão os alunos na fase adulta.
- **Gestão do tempo**: Esta é outra habilidade importante adquirida por um aluno que pratica esportes de aventura. A disciplina no relógio é muito importante quando se trata de qualquer esporte, e esse domínio se tornará um trunfo para os praticantes ao longo de toda a vida. Dessa maneira,

a melhor gestão entre tempo livre, atividades acadêmicas e treinos esportivos acontecerá naturalmente.

- **Mentalidade de sucesso**: Praticar esportes de aventura permite que os alunos cresçam com uma mentalidade de sucesso. Mas o que é sucesso? Depende. Consideramos como uma caso de sucesso uma pessoa que se desenvolva com a mentalidade voltada à prática de princípios éticos. Assim, um jovem que cresce com tais princípios dificilmente prejudicará voluntariamente seu semelhante. Esportes de aventura exigem o desenvolvimento de habilidades internas para lidar com a pressão e, consequentemente, com a resolução desses problemas. Tais habilidades os preparam para lidar com adversidades de maneira inteligente.

- **Paciência e perseverança**: Essas são duas qualidades importantes a que os alunos serão expostos durante o envolvimento esportivo. Durante a prática, a exposição a situações desconfortáveis exigirá paciência e perseverança para o êxito esportivo. Isso os ajudará a passar por momentos ruins, tornando-os mais resilientes.

- **Melhora no sono**: Assim como a melhora na saúde e no condicionamento físico, é importante ter um sono tranquilo por, pelo menos, 8 horas por dia. Já é amplamente conhecida a ligação positiva entre um sono melhor e o envolvimento com atividades esportivas.

- **Desenvolvimento de bons hábitos por toda a vida**: Manter-se envolvido em práticas esportivas proporciona menos tempo livre para trilhar caminhos, digamos, "duvidosos". Desse modo, o amor e a paixão pelo esporte poderão ajudar crianças e jovens a se afastar de comportamentos nocivos.

▌▌▌ *Síntese*

Neste capítulo, vimos que a educação física pode ser considerada uma área privilegiada para a aprendizagem interdisciplinar, pois, de acordo com diversos autores, a memória é aprimorada quando corpo e mente complementam o *feedback* um do outro. Nesse sentido, a Educação, Física, em um contexto interdisciplinar, pode ser usada como um meio pelo qual as crianças têm oportunidades de praticar e fortalecer as habilidades de linguagem. Essa interdisciplinaridade favorece os alunos ao enriquecer o aprendizado em todas as disciplinas acadêmicas, ao mesmo tempo em que valoriza o conhecimento e a experiência trazidos por outros professores.

Além disso, apresentamos estratégias para o aumento da participação das crianças em atividades físicas ao ar livre. Uma delas é a utilização dos parquinhos presentes em praticamente todas as escolas. Essa estratégia é importante, uma vez que trabalhos relacionados ao tema sugerem que quase metade da atividade física diária de uma criança é proveniente desse local. No contexto específico dos esportes de aventura, também apresentamos estratégias de gerenciamento de riscos e benefícios visando garantir o máximo de segurança.

Por fim, pensando na transdisciplinaridade, abordamos a importância da discussão entre alunos e professores para uma experiência colaborativa, visando ao aperfeiçoamento físico, social e intelectual.

▬ *Atividades de autoavaliação*

1. Trabalhos relacionados ao impacto das crianças no engajamento em parquinhos durante o recreio sugerem que:
    a) a utilização desses espaços não apresenta níveis de atividade física significativos.
    b) toda a atividade física diária de uma criança é proveniente desse local.

c) quase a metade de toda a atividade física diária é proveniente desse local.
d) não se deve usar tais espaços em razão dos riscos de lesão grave.

2. De uma perspectiva psicológica, esportes de aventura ajudam os alunos a desenvolver a atitude do "eu posso fazer", que pode ser aplicada a todos os aspectos da:
   a) vida escolar.
   b) vida universitária.
   c) velhice.
   d) vida conjugal.

3. No contexto do *bullying*, é correto afirmar:
   a) A dinâmica de grupo nunca deve ser encorajada.
   b) Os esportes de aventura apresentam-se como uma péssima estratégia para lidar com o problema.
   c) Nenhuma atividade deve ser encorajada até que as autoridades resolvam o problema
   d) A dinâmica de grupo deve ser sempre encorajada.

4. Como visto neste capítulo no que diz respeito à relação entre aprendizagem e esportes de aventura, uma revisão sistemática realizada por Lee e Zhang (2019) avaliou os efeitos dos esportes de aventura nos resultados físicos e psicológicos de alunos dos ensinos fundamental e médio. A pesquisa apresentou evidências de que:
   a) não existe uma relação positiva entre aprendizagem e esportes de aventura.
   b) toda a atividade física pode causar danos psicológicos.
   c) a aprendizagem baseada nesse modelo tem uma influência positiva nos resultados físicos e psicológicos no ambiente escolar.
   d) pesquisas relacionando esportes de aventura e aprendizado não podem ser realizadas, pois não são éticas.

5. Uma das estratégias pedagógicas relacionadas aos esportes de aventura é a implementação de atividades no início do ano letivo ou na transição entre os ensinos fundamental e médio, pois:

   a) ganha-se tempo para organizar a escola para o início do ano letivo.
   b) esse é um período em que a construção da confiança é especialmente valiosa.
   c) sem essas atividades, os alunos ficariam entediados e voltariam para casa.
   d) é apenas nesse período que o professor de Educação Física tem autorização legal para trabalhar com esportes de aventura.

Atividades de aprendizagem

Questões para reflexão

1. Você utiliza as áreas externas de sua escola de modo a estimular os alunos a praticar atividades de aventura?
2. Pensando no conceito de transdisciplinaridade, você desenvolve atividades em conjunto com outros professores?

Atividade aplicada: prática

1. Faça um plano de aula visando à aplicação de esportes de aventura no início do ano letivo. Proponha atividades que estimulem a confiança. Nossa sugestão é de que você convide alunos mais velhos para ajudar os mais novos, pois, dessa forma, o exercício de companheirismo será colocado em prática, fazendo com que os mais novos se sintam acolhidos.

Capítulo 4

Atividades e esportes de aventura acessíveis

Mayara Torres Ordonhes

Tão importante quanto conhecer e compreender as dimensões sócio-históricas das atividades e dos esportes de aventura, assim como aprender sobre a gestão dessas atividades e as características biomecânicas, fisiológicas, nutricionais e psicossociais relacionadas, é que o profissional de Educação Física conheça e compreenda essas práticas por meio de uma ótica acessível e universal.

As práticas corporais de aventura consistem em experiências práticas que apresentam determinados riscos controlados durante sua execução, uma vez que são realizadas em ambientes abertos, sejam terrestres, sejam aquáticos ou aéreos, que têm um grau de imprevisibilidade maior do que os ambientes fechados e controlados. Com base nisso, o profissional que trabalha com práticas corporais de aventura precisa atentar-se para a segurança do local, a utilização de equipamentos adequados, além de buscar realizar as instruções corretas durante o andamento das atividades. Tais fatores consistem em necessidades básicas e gerais para qualquer tipo de intervenção relacionada às atividades e aos esportes de aventura. Entretanto, por vezes, além dessas atribuições, o profissional de Educação Física precisa saber adequar suas propostas para que sejam compatíveis com o grupo de alunos, contemplando suas características e particularidades, tais como a existência de impedimentos manifestados em decorrência de uma deficiência ou, ainda, de uma classificação etária específica.

Desse modo, apresentaremos alguns conceitos importantes para a área da Educação Física adaptada e inclusiva, além de abordarmos as características das deficiências visual, física e intelectual e as características dos idosos. Por fim, realizaremos uma aproximação das características desses grupos com algumas possibilidades de atividades a serem desenvolvidas nos esportes de aventura dentro de uma perspectiva universal.

4.1 Conceitos iniciais e objetivos

Vivemos em uma sociedade plural, composta por indivíduos com suas características e particularidades. Por muito tempo, a Educação Física distanciou-se desse pensamento universal, pautando-se mais em uma busca por desempenho e rendimento, visando ao mais forte, ao mais rápido e ao mais habilidoso (Pedrinelli; Verenguer, 2019). Mas qual seria o parâmetro para se nortear essas questões? Considerando a amplitude da área da educação física e a existência de diferentes possibilidades de manifestações norteadoras das diversas práticas físicas, o rendimento e a *performance* são importantes se pensarmos na manifestação de rendimento. Entretanto, é válido ressaltar que até mesmo o entendimento de *performance* é plural e passível de diferentes interpretações, visto a necessidade de se contemplar toda uma sociedade pluralista, pautada nos princípios da inclusão e da universalidade.

Com base nessa busca pela universalidade, as atividades e os esportes de aventura podem ser considerados um meio significativo de interação entre os indivíduos com necessidades especiais e o ambiente e com outras pessoas. Para que isso seja possível, devemos conhecer as características dos alunos e identificar suas capacidades e seus impedimentos, a fim de que possamos proporcionar as condições mínimas para o desenvolvimento dessas atividades, estando atentos aos cuidados específicos e às necessidades de adaptações a serem realizadas.

Importante!

Atualmente, o termo *portador de necessidades especiais* ou *portador de deficiência* é impróprio, partindo do princípio de que as necessidades especiais ou as deficiências não se portam, mas se possuem. Logo, são mais indicados os termos *pessoa com necessidades especiais* ou *pessoa com deficiência*.

Nesse sentido, a seguir, abordaremos o conceito de universalidade, apresentando os aspectos relacionados à educação física inclusiva, a atividade física adaptada e o esporte adaptado, assim como explicitaremos os objetivos e o papel do professor nesse campo.

4.1.1 Conceito de universalidade

O conceito de universalidade está intimamente ligado à democracia social e ao direito comum a todos. No caso das práticas esportivas, o conceito de universalidade está relacionado ao fato de todos os indivíduos terem o direito ao acesso e à prática de atividades físicas e esportivas, considerando que o fomento dessas atividades é caracterizado como um dever institucional, disposto no art. 217 da Constituição Federal brasileira de 1988 (Brasil, 1988).

> **Para saber mais**
>
> BRASIL. Constituição (1988). **Diário Oficial da União**, Brasília, DF, 5 out. 1988. Disponível em: <https://www.planalto.gov.br/ccivil_03/constituicao/constituicao.htm>. Acesso em: 18 fev. 2024.

Desse modo, ao falar sobre universalidade e direito comum ao acesso e à prática de atividades físicas e esportivas, não podemos deixar de abordar os aspectos importantes para a existência de uma intervenção prática inclusiva, que proporcione um processo de acolhimento e interação entre indivíduos com e sem necessidades especiais, incluindo as pessoas com impedimentos decorrentes de deficiências visuais, físicas ou intelectuais, assim como as características atreladas à faixa etária dos indivíduos e outras particularidades.

4.1.2 Intervenção inclusiva

A existência de um ambiente estimulante e motivador é fundamental para o bom andamento das aulas de Educação Física. A proposta de intervenção inclusiva é pautada na ideia de se proporcionar ambientes que possibilitem práticas acessíveis a todos os alunos, cada um com suas características. Além disso, por meio desse ambiente acolhedor, devem ocorrer interações sociais entre indivíduos com e sem necessidades especiais (Winnick, 2004).

Essas interações sociais estão pautadas na importância da inclusão social relacionada ao indivíduo com necessidades especiais. Com base nisso, a prática de atividades físicas e esportivas pode representar uma influência significativa para a inclusão social, tendo em vista as diversas possibilidades de vivências, entre elas as práticas corporais de aventura.

Para que a intervenção seja de fato inclusiva, o profissional responsável pelas práticas precisa evitar que aspectos tais como o preconceito e a discriminação venham a ocorrer. Com relação a isso, devemos saber diferenciar o significado de *preconceito*, *estereótipo* e *estigma* (Cidade; Freitas, 2009):

- **Preconceito**: Refere-se ao julgamento prévio realizado com base em noções falsas e ausentes de conhecimento.
- **Estereótipo**: É a ideia que rotula o preconceito.
- **Estigma**: É a conotação construída a partir do preconceito.

Por vezes, julgamentos prévios relacionados aos indivíduos com necessidades especiais podem ocorrer por meio do estereótipo e do estigma construído, fatores que contribuem para um processo de discriminação. Mas qual seria a saída para se evitar a discriminação e a segregação durante as práticas? O profissional de Educação Física precisa direcionar o foco das atividades para as competências dos alunos, e não para as limitações destes; desse modo, ele poderá evitar que o estereótipo atrelado aos indivíduos com deficiências venha a se propagar. Lembre-se: valorizar as competências e as habilidades dos indivíduos é a chave para a existência de um verdadeiro processo de inclusão.

> **Importante!**
>
> Por vezes, noções falsas relacionadas às pessoas com deficiências são reforçadas, contribuindo para a existência do preconceito e influenciando a segregação. A proposta de educação inclusiva visa romper com esse processo, proporcionando interações entre as pessoas com e sem necessidades especiais.

Além disso, o profissional deve buscar proporcionar práticas compatíveis com as características dos indivíduos, considerando suas potencialidades e seus impedimentos e adaptando-os por meio de estratégias inclusivas de instrução. Esse processo de formulação de estratégias deve garantir a existência de oportunidades iguais de participação para todos, considerando suas capacidades e potencialidades.

A intervenção inclusiva busca evitar a existência de práticas que sejam excludentes e visa proporcionar um processo educacional em que as atividades possam ser desenvolvidas por todos os indivíduos, independentemente de suas características e particularidades (Silva, Sousa, Vidal, 2008; Winnick, 2004). Isso significa que podemos (e devemos) realizar algumas adaptações com base na análise das potencialidades dos alunos (capacidades) para que, de fato, todos consigam realizar as atividades sem remover as características do desafio envolvido (Pedrinelli; Verenguer, 2019).

4.1.3 Atividade física adaptada e esporte adaptado

Educação física adaptada, *atividade física adaptada*, *atividade motora adaptada* ou *esporte adaptado*: Qual seria a diferença entre essas terminologias? Será que podemos utilizar qualquer uma dessas nomenclaturas quando estivermos falando das práticas físicas adaptadas? Com o objetivo de solucionar essas questões, apresentaremos neste tópico as aproximações e os distanciamentos entre cada um desses conceitos.

No Brasil, os termos *educação física adaptada*, *atividade física adaptada* e *atividade motora adaptada* podem ser utilizados para se referir ao atendimento de pessoas com necessidades especiais, caracterizado pela adequação dos objetivos das atividades de acordo com os interesses, as capacidades e as limitações dos indivíduos (Vara; Cidade, 2020; Pedrinelli; Verenguer, 2019). Entretanto, cada um desses termos tem uma especificidade quanto ao seu surgimento e à sua inserção histórica (Vara, Cidade, 2020):

- O termo *atividade física adaptada* surgiu entre 1970 e 1980, visando abranger a atividade física, a promoção à saúde e a inclusão.
- O termo *atividade motora adaptada* surgiu entre 1980 e 1990, compreendendo a expressão motora como uma forma de interação entre o indivíduo e o meio.
- O termo *educação física adaptada* surgiu por volta de 1950 e tinha um sentido mais amplo, que visava à possibilidade do desenvolvimento de habilidades por meio das práticas físicas. Desde então, esse termo representa o campo de estudos relacionado à intervenção em pessoas com necessidades especiais.

De modo geral, podemos perceber que as terminologias citadas se preocupam com o desenvolvimento de atividades físicas (motoras) com o intuito de se desenvolver a expressão corporal, a interação e a inclusão, respeitando as particularidades dos indivíduos e proporcionando o desenvolvimento de habilidades.

Mas e quanto ao termo *esporte adaptado*? Qual a seria sua inserção? Será que podemos utilizar esse termo como um sinônimo para *educação física adaptada*? Com relação a isso, devemos compreender que o termo *esporte adaptado* tem uma importante particularidade: diferentemente dos termos anteriormente apresentados, ele se refere especificamente à prática esportiva adaptada para as pessoas com deficiência, prática esta administrada por entidades oficiais, nacionais e internacionais.

4.1.4 Objetivos da atividade física adaptada e do esporte adaptado

Antes de se realizar a proposta de atividades para indivíduos com necessidades especiais – tais como o desenvolvimento de práticas corporais de aventura –, é fundamental compreendermos os objetivos da atividade física adaptada e do esporte adaptado para que seja possível alinhar os objetivos e evidenciar qual o papel do professor nessa intervenção. São objetivos da atividade física adaptada (Pedrinelli; Verenguer, 2008; Cidade; Freitas, 2009):

- identificar as necessidades e as capacidades dos alunos;
- contribuir para a independência e a autonomia;
- contribuir para a socialização;
- proporcionar um processo de inclusão.

Já o esporte adaptado, além dos objetivos da atividade física adaptada, tem por objetivos (Winnick, 2004):

- proporcionar a superação, a autopercepção e a autorrealização;
- influenciar a adoção de estilos de vida ativos;
- contribuir para os desenvolvimentos cognitivo, motor e afetivo.

Podemos perceber que a principal diferença entre os objetivos da atividade física adaptada e do esporte adaptado está relacionada ao foco da atividade desenvolvida. As atividades físicas adaptadas, além dos objetivos diretamente relacionados com a prática física, buscam os benefícios indiretamente correlatos, como a independência, a autonomia, a socialização e a inclusão. Já o esporte adaptado tem uma preocupação maior com o desempenho, os demais aspectos relacionados a ele e o desenvolvimento cognitivo, motor e afetivo atrelado. Isso não significa que esses objetivos não se sobreponham entre os diferentes conceitos, entretanto, estamos nos referindo às diferenças atreladas ao foco central de cada um.

Abordados os conceitos de intervenção inclusiva, atividade física adaptada e esporte adaptado, a seguir realizaremos a caracterização e a classificação das deficiências visual, física e intelectual, além da apresentação das características dos idosos. Tal caracterização visa auxiliar no desenvolvimento de práticas corporais de aventura para esses grupos, proporcionando uma prática acessível e inclusiva.

4.2 Deficiência visual

A deficiência visual está atrelada à redução ou à anulação da capacidade visual, caracterizando-se como uma perda total ou parcial – abrangendo vários graus de acuidade visual (Munster; Almeida, 2019). Caracteriza-se como pessoa com deficiência visual aquela que, mesmo com a utilização de instrumentos de correção da visão (tais como óculos e lentes de contato), apresenta uma limitação na capacidade visual capaz de afetar o desenvolvimento desse indivíduo de maneira significativa (Munster; Almeida, 2019; Gorgatti; Teixeira; Vanícola, 2008).

A deficiência visual pode ser congênita ou adquirida. Nos casos de deficiência visual congênita, podemos citar as seguintes causas: rubéola durante a gestação da mãe, inflamação intrauterina ou displasia de origem embrionária (Gorgatti; Teixeira; Vanícola, 2008; Cidade, Freitas, 2009). Nos casos de deficiência visual adquirida, podemos citar glaucoma, catarata, retinoblastoma (câncer ocular), diabetes e deslocamento de retina (Winnick, 2004; Cidade, Freitas, 2009).

4.2.1 Classificação

Vimos anteriormente que a deficiência visual pode caracterizar-se como uma perda total ou parcial da visão. A classificação da deficiência visual pode ser médica ou esportiva. No caso da classificação **médica**, utiliza-se a seguinte classificação (Gorgatti; Teixeira; Vanícola, 2008; Cidade; Freitas, 2009):

- **Baixa visão (ou visão subnormal)**: Presença de um resíduo visual, como a percepção de projeções luminosas. Nesses casos, indica-se a utilização de estratégias visuais compensatórias.
- **Cegueira**: Ausência de resíduo visual, podendo apresentar apenas uma percepção luminosa, mas sem conseguir utilizar essa percepção como um meio de orientação. Nesses casos, necessita-se da utilização do sistema *Braille* para a aquisição de conhecimentos, além de outras estratégias táteis e auditivas.

Com relação à classificação **esportiva**, esta ocorre baseada em ambos os olhos ou no melhor olho do indivíduo e apresenta as seguintes classes visuais (Gorgatti; Teixeira; Vanícola, 2008):

- **B1**: Abrange desde ausência total da visão até a presença de percepção luminosa com incapacidade de reconhecimento de formas de objetos.
- **B2**: Capacidade de reconhecer as formas de objetos, com acuidade visual inferior a 2/60 metros ou um campo visual inferior a 5 graus.
- **B3**: Compreende aqueles com acuidade visual de 2/60 até 6/60 metros e um campo visual entre 5 e 20 graus.

A classificação B1 é indicada para indivíduos com maior comprometimento da visão; a classificação B2, por sua vez, é indicada para indivíduos que têm percepções de vultos e conseguem reconhecer formas de objetos; já a classificação B3 refere-se aos indivíduos com comprometimento mais leve.

Conhecer cada uma dessas classificações – a classificação médica ou a funcional – é fundamental para que o profissional saiba identificar as características e especificidades desse impedimento em questão e, a partir disso, possa estabelecer de modo eficiente as estratégias compensatórias necessárias para se realizar uma proposta de atividades que consista em um desafio compatível com cada particularidade.

4.2.2 Deficiência visual e atividades de aventura

A visão caracteriza-se como um meio importante para a obtenção de informações do ambiente ao nosso redor; assim, com a ausência da visão, essa interação com o ambiente pode ser fragilizada. Uma importante questão sobre as pessoas com deficiência visual refere-se ao fato de esses alunos poderem apresentar eventuais atrasos no desenvolvimento, principalmente devido à superproteção recebida pela família nos primeiros anos de vida e na infância, considerando que, em decorrência do medo, os familiares podem acabar reduzindo as possibilidades de vivências motoras e sensoriais, o que gera impactos no desenvolvimento motor desse indivíduo.

Ao realizar uma proposta de atividades para pessoas com deficiência visual, é importante considerar se esse indivíduo tem uma deficiência congênita ou não. A pessoa com deficiência visual congênita utiliza a percepção tátil ou o estímulo verbal para realizar o processamento de informação, sendo estes os meios utilizados desde o nascimento. Já a pessoa com deficiência visual adquirida pôde utilizar de outros meios de processamento de informação antes do impedimento, logo, essas experiências de mundo podem contribuir para o processamento de informação atual.

A proposta de atividades e esportes de aventura para pessoas com deficiência visual pode ser realizada como uma forma de proporcionar oportunidades e experiências significativas às pessoas com deficiência visual, entretanto, é importante que os seguintes cuidados sejam respeitados (Gorgatti; Teixeira; Vanícola, 2008):

- **Familiarização com o ambiente**: Visando à segurança dos alunos, sempre que possível devemos proporcionar a familiarização com o ambiente da atividade. Todavia, quando não for possível levarmos o aluno ao ambiente em que será realizada a atividade, devemos proporcionar o maior número possível de informações relacionadas à atividade e ao ambiente em questão, para que ele identifique quais as características do local.
- **Remoção de possíveis obstáculos**: É fundamental que os aspectos relacionados à acessibilidade sejam resguardados, evitando que acidentes aconteçam caso o aluno encontre algum obstáculo inesperado durante a execução da atividade.
- **Utilização da instrução sinestésica e auditiva**: Ao realizar as instruções de uma atividade, antes ou durante sua execução, o professor precisa utilizar informações verbais claras e objetivas e também que o aluno sinta o próprio corpo em diferentes possíveis situações de movimento atreladas à atividade em questão.

Um fator relevante para o desenvolvimento de atividades e esportes de aventura com pessoas com deficiência visual refere-se à busca pela autonomia dos alunos. Para que essa autonomia seja obtida, é importante considerar cada um desses cuidados anteriormente citados, visando potencializar a prática do aluno na atividade em questão.

Durante a proposta e o desenvolvimento de práticas corporais de aventura, devemos familiarizar previamente nossos alunos ao ambiente da atividade e proporcionar o máximo de informações relacionadas a esse ambiente para que esse aluno consiga identificar as características desse local, reduzindo, de certa forma, o grau de imprevisibilidade. Além disso, para que sejam evitados acidentes, precisamos remover ao máximo os obstáculos do ambiente e utilizar comandos verbais e sinestésicos durante toda a atividade, assim como devemos estabelecer possíveis sinais sonoros que poderão ser utilizados com o intuito de auxiliar a execução das atividades (Vara, 2020).

4.3 Deficiência física

Também chamada de *deficiência motora*, a deficiência física consiste no impedimento de ordem física, ocorrido em decorrência de uma lesão neurológica ou ortopédica, que proporciona transtornos na motricidade e influencia a locomoção dos indivíduos. São exemplos de lesões neurológicas ou ortopédicas as amputações, as lesões medulares e a paralisia cerebral (Gorgatti; Teixeira; 2008):

- **Amputação**: Consiste na ausência ou na remoção, total ou parcial, de um membro do corpo, tendo como principais causas as anomalias congênitas, as causas traumáticas, os tumores, as infecções irreversíveis e a diabetes. Tendo em vista os transtornos relacionados à motricidade dos amputados, em alguns casos, existe a possibilidade de utilização de equipamentos de apoio, tais como as próteses (equipamentos que substituem membros ausentes) e as órteses (equipamentos que auxiliam na função de um membro).

- **Lesão medular**: Consiste em uma lesão do canal medular, que pode ser parcial ou total e afeta as funções do sistema motor, sensorial e autônomo, ou seja, além do impedimento físico, a lesão medular pode influenciar a pressão arterial, a circulação sanguínea, a regulação térmica, a digestão e a micção.
- **Paralisia cerebral**: Consiste em um distúrbio advindo de um mau funcionamento ou de lesão cerebral que pode proporcionar transtornos motores leves, moderados ou graves. São as principais causas da paralisia cerebral os problemas pré-natais, perinatais ou pós-natais (meningite ou trauma). Além dos acometimentos físicos, a paralisia cerebral pode apresentar crises convulsivas, distúrbios da fala e da linguagem, comprometimentos sensoriais, entre outros distúrbios associados.

4.3.1 Classificação

A deficiência física pode ser classificada como congênita ou adquirida (quando são caracterizadas pelo momento em que surgiram), permanente ou temporária (quando são caracterizadas pelo tempo em que ficam presentes), progressiva ou não progressiva (quando são caracterizadas quanto à sua evolução). Além disso, as amputações, as lesões medulares e a paralisia cerebral podem apresentar classificações distintas.

As amputações podem ser classificadas de acordo com o local, se é unilateral ou bilateral, em membros superiores, inferiores ou combinados (Winnick, 2004). Com relação à classificação da lesão medular, as características e o grau específico dessa lesão podem variar de acordo com o local da coluna acometido e o número de membros afetados. A lesão pode ocorrer na região cervical (entre a C1 e a T1), na região torácica (entre a T2 e a T12), na região lombar (entre a L1 e a L5) ou sacral (entre a S1 e a S4) (Greguol; Böhme, 2019;

Winnick, 2004). Quando quatro membros são afetados, utiliza-se o termo *tetra*; quando os membros inferiores são afetados, utiliza-se o termo *para*; quando há a eliminação da sensibilidade total dos membros afetados, utiliza-se o termo *plegia*; e, por fim, quando existe determinados níveis de sensibilidade nos membros afetados, utiliza-se o termo *paresia* (Gorgatti; Teixeira, 2008).

No que se refere à paralisia cerebral, esta pode ser classificada conforme o nível da limitação, os membros acometidos e o local em que a lesão ocorreu. Com relação à classificação relacionada ao nível da limitação, esta pode ser leve, moderada ou grave. Quanto à classificação relacionada aos membros acometidos, temos (Gorgatti; Teixeira; 2008; Winnick, 2004):

- **Monoplegia**: Ccomprometimento de um membro.
- **Diplegia**: Comprometimento de quatro membros (superiores e inferiores), de modo mais acentuado nos membros inferiores.
- **Paraplegia**: Comprometimento de membros inferiores.
- **Hemiplegia**: Comprometimento dos membros de um lado do corpo.
- **Triplegia**: Comprometimento de três membros.
- **Quadriplegia**: Comprometimento de quatro membros de forma semelhante.

Com relação à classificação relacionada ao local em que a lesão ocorreu, temos a paralisia cerebral espástica (lesões na região piramidal), atetoide (lesões na região dos gânglios da base) e atáxica (lesões na região do cerebelo) (Gorgatti; Teixeira; 2008).

De modo geral, as classificações da deficiência física visam proporcionar informações significativas sobre as características do impedimento, seja ele um impedimento resultante de uma amputação, seja advindo de uma lesão medular ou de uma paralisia cerebral. O profissional de Educação Física precisa avaliar seu aluno e identificar qual a sua classificação, pois, com base nesse diagnóstico, todo o programa de atividades será desenvolvido, de modo que as atividades propostas estejam compatíveis com a capacidade desse aluno.

4.3.2 Deficiência física e atividades de aventura

Independentemente da prática a ser executada por parte das pessoas com deficiência, devemos buscar estimular a autoestima, a autoconfiança, a independência e a autonomia dos alunos. A partir disso, o aluno poderá melhorar sua percepção sobre o próprio corpo, o que aumentará seu repertório motor e contribuirá para a melhora do condicionamento físico e da qualidade de vida.

Inicialmente, precisamos analisar as diversas classificações existentes de deficiência física e verificar qual é o nível de comprometimento do aluno. A partir da análise das características desse impedimento, devemos identificar quais as consequências decorrentes dele.

Um fator fundamental a ser considerado na práticas de atividades e esportes de aventura refere-se à necessidade de se proporcionar acessibilidade durante as atividades, de modo que possibilite a participação de pessoas amputadas, com lesão medular ou com paralisia cerebral. É importante verificar quais adaptações devem ser realizadas e se essa prática pode ser realizada com a utilização de instrumentos de apoio, tais como próteses, órteses e cadeiras de roda.

4.4 Outras condições intelectuais e neurobiológicas

Nesta seção, vamos analisar a deficiência intelectual, o Transtorno do Espectro Autista (TEA) e o Transtorno de Déficit de Atenção e Hiperatividade (TDAH).

4.4.1 Deficiência intelectual

A deficiência intelectual consiste em um funcionamento intelectual abaixo da média, proporcionando limitações nas funções intelectuais e cognitivas. As principais causas da deficiência intelectual são: genéticas, pré-natais, perinatais e pós-natais, podendo manifestar-se até os 18 anos de idade (Cidade, 2020; Gimenez, 2019).

> **Importante!**
>
> No passado, os termos *retardo mental* e *deficiência mental* eram utilizados para se referir ao funcionamento intelectual abaixo da média. Entretanto, estas não são mais as terminologias indicadas, sendo *deficiência intelectual* a forma atualmente adotada.

O principal indicador de deficiência intelectual é o quociente de inteligência (QI), atrelado a limitações relacionadas a raciocínio, aprendizagem, linguagem, comunicação, atenção, memória, locomoção, desenvolvimento de tarefas, participação social, autocontrole, entre outras habilidades adaptativas. São classificações da deficiência intelectual: limítrofe, leve, moderada, severa e profunda, estabelecidas com base na avaliação cognitiva e das habilidades adaptativas (Gimenez, 2019; Gorgatti; Teixeira, 2008).

É importante ressaltarmos que existe a possibilidade de os indivíduos com deficiência intelectual apresentarem transtornos associados, tais como o TEA e o TDAH. A seguir, apresentaremos as características de cada um desses transtornos.

4.4.2 Transtorno do Espectro Autista (TEA)

O TEA consiste em um transtorno do desenvolvimento, que gera uma limitação relacionada à comunicação e à interação social, além da manifestação de comportamentos restritivos ou repetitivos, possuindo níveis de gravidade distintos. Muito se discute na literatura sobre as causas do TEA, tendo como uma das possíveis causas as questões genéticas e ambientais (Braga, 2021; Dawson; McPartland; Ozonoff, 2020).

A seguir, apresentaremos algumas características que as pessoas com TEA podem apresentar (Nabeiro; Silva, 2019):

- atraso ou ausência da fala;
- expressar-se por gestos;
- não demonstrar envolvimento afetivo;
- dificuldade em estabelecer contato visual;
- hiperatividade;
- problemas de atenção;
- mudança de humor repentina;
- sensibilidades auditiva, visual, olfativa, tátil ou gustativa;
- reação adversa ao toque; entre outros.

Por meio do trabalho multidisciplinar com neurologistas, psicólogos, fonoaudiólogos, psicopedagogos, fisioterapeutas e terapeutas ocupacionais, assim como profissionais de Educação Física, tais características podem ser amenizadas. Como o TEA tem diferentes níveis de gravidade, ele pode apresentar quadros distintos, com características únicas. Desse modo, toda a equipe multidisciplinar deve trabalhar em conjunto, com base nas características apresentadas pelo indivíduo.

4.4.3 Transtorno de Déficit de Atenção e Hiperatividade (TDAH)

O TDAH é um transtorno neurocomportamental que está relacionado à desatenção persistente e à hiperatividade. Pode ser classificado conforme o predomínio da desatenção, da hiperatividade ou de maneira combinada.

As pessoas com TDAH podem apresentar dificuldade de observar detalhes, seguir instruções e organizar tarefas, impulsividade, dificuldade de esperar, precipitação, além de perturbações motoras relacionadas ao equilíbrio e à noção espaço-temporal (Rohde et al., 2000; Couto; Melo-Junior; Gomes, 2010).

As pessoas com TDAH podem apresentar comorbidades associadas, tais como transtornos de aprendizagem, transtorno desafiante de oposição (TOD), transtorno de conduta (TC), transtorno de humor, transtorno de ansiedade, tiques repentinos, entre outros (Couto; Melo-Junior; Gomes, 2010; Gomes et al., 2007).

4.4.4 Propostas de atividades e esportes de aventura

Ao realizar a proposta de práticas corporais de aventura para pessoas com **deficiência intelectual**, devemos avaliar o nível de limitação das funções intelectuais e das habilidades adaptativas afetadas. É importante salientar que o indivíduo com deficiência intelectual pode apresentar dificuldades na identificação e na resolução de problemas, assim como na seleção de respostas aos estímulos. Desse modo, o profissional de Educação Física precisa:

- realizar orientações claras e diretas;
- possibilitar a resolução de problemas manifestados por etapas, com base em um objetivo final;
- utilizar o reforço positivo;
- fazer adaptações sempre que necessário;
- não subestimar a capacidade dos alunos;
- considerar a utilização de tutores.

Durante a proposta de atividades e esportes de aventura para pessoas com deficiência intelectual, estabeleça uma progressão pedagógica que respeite esses fatores, utilizando instruções claras e diretas, por meio de uma progressão no nível de dificuldade de cada etapa. Além disso, respeite o tempo necessário para avançar por esses níveis, considerando o grau de comprometimento de cada aluno. Assim sendo, explore o reforço positivo e realize adaptações sempre que necessário, auxiliando o aluno a alcançar o objetivo final da atividade em questão.

Com relação à prática de atividades e esportes de aventura para pessoas com **TEA**, devemos considerar que esses indivíduos podem apresentar um desenvolvimento atípico na interação social, sendo fundamental buscar conectar-se com os alunos compreendendo seu mundo e, a partir disso, identificar aspectos que possam ser utilizados durante as práticas. É importante comunicar o aluno sobre a rotina e a progressão da aula visando proporcionar segurança e evitar a ansiedade. Outras estratégias que podem ser utilizadas é a negociação, o estabelecimento de combinados e os *feedbacks* com o intuito de reforçar comportamentos positivos.

Por fim, sobre o desenvolvimento de atividades e esportes de aventura para indivíduos com **TDAH**, é preciso adotar um elevado nível de envolvimento com o aluno, para que ele se sinta interessado e envolvido, direcionando sua atenção para as atividades. Para que isso aconteça, podemos explorar atividades de memória, atenção e concentração, assim como a utilização do jogo, do trabalho cooperativo e da ludicidade (Costa; Moreira; Seabra Júnior, 2015).

Lembre-se: os alunos com TEA e TDAH podem ou não apresentar associação com a deficiência intelectual, sendo fundamental a realização de uma análise individual de cada caso.

Por falar em especificidades, é importante ressaltarmos que, além das características relacionadas às necessidades especiais dos alunos, as particularidades atreladas à faixa etária dos indivíduos também representam um fator significativo para a construção dos programas de atividades. Ainda, depois de passar pela infância, adolescência, juventude e fase adulta, o indivíduo passa a ser um reflexo das interações já vivenciadas, influenciado pela genética e pelo estilo de vida (Gallahue; Ozmun; Goodway, 2013).

4.5 Idosos

O envelhecimento é um processo biológico, psicológico e social que apresenta modificações graduais nas características funcionais de um indivíduo, afetando o equilíbrio, o controle postural, a mobilidade, a flexibilidade, a capacidade visual e auditiva, a força, entre outros declínios. A idade para uma pessoa ser considerada idosa pode mudar de 60 a 65 anos de idade, variando em alguns países. No Brasil, consideram-se idosos os indivíduos com mais de 60 anos de idade.

Com relação às principais modificações manifestadas nessa fase, podemos citar (Gallahue; Ozmun; Goodway, 2013):

- aumento da pressão arterial;
- redução da flexibilidade;
- redução da capacidade visual e auditiva;
- redução do equilíbrio e do controle postural;
- declínio de força e massa muscular;
- diminuição do tempo de reação;
- diminuição da densidade óssea;
- diminuição da socialização;
- maior risco de quedas.

Considerando todas essas modificações presentes no processo de envelhecimento, as atividades cotidianas podem ser afetadas, reduzindo a autonomia dos indivíduos e, consequentemente, a qualidade de vida e até mesmo a socialização. Nessa fase, existe a prevalência de doenças específicas, tais como hipertensão arterial, insuficiência cardíaca, diabetes e derrame (Cruz, 2013).

Com o aumento da idade, atividades comuns, como sentar, levantar e caminhar, podem se tornar grandes desafios. A prática de atividade física pode ser uma estratégia positiva para amenizar os impactos dessas modificações, proporcionando uma melhora na qualidade de vida dos idosos.

4.5.1 Atividades e esportes de aventura para idosos

A atividade física pode ser considerada uma aliada do processo de envelhecimento, considerando que pode amenizar a redução das características funcionais dos idosos, além de proporcionar experiências motoras significativas, aumentando a autoestima, a autonomia, além da socialização. Antes de se efetuar a proposta de atividades físicas para idosos, é importante realizar uma *anamnese* com o intuito de verificar o histórico e o quadro de saúde do aluno, além de solicitar a anuência de um médico especializado que possa atestar se esse aluno está apto a executar atividades físicas.

Para realizar propostas de atividades, os profissionais de Educação Física precisam analisar a intensidade das atividades, considerando a individualidade dos alunos, alertando-os para a possibilidade de interrupção sempre que necessário. Nessa faixa etária, é importante simplificar as explicações, além de utilizar a demonstração como estratégia de ensino.

Considerando que o envelhecimento é um processo biológico, psicológico e social, é importante que as atividades busquem contemplar todos esses aspectos, por meio do desenvolvimento de mobilidade, flexibilidade, equilíbrio, postura corporal, força, tempo de reação e coordenação, assim como abordar o compartilhamento de experiências, descobertas e desafios por meio da recreação e da socialização. É com base nisso que a proposta de práticas corporais de aventura pode ser significativa para os idosos, tendo em vista que pode contribuir para a capacidade funcional dos indivíduos, assim como proporcionar experiências únicas, capazes de melhorar os aspectos psicológicos e sociais, contribuindo para a autoestima e a autonomia.

Síntese

Neste capítulo, abordamos o conceito de universalidade, a educação física inclusiva, a atividade física adaptada e o esporte adaptado, além de realizarmos a apresentação das características das deficiências visual, física, intelectual e, por fim, da classificação etária dos idosos, com o intuito de subsidiar as práticas corporais de aventura para esses grupos.

Retomando os conceitos explorados, a universalidade nas práticas esportivas está relacionada ao fato de que todos os indivíduos têm o direito ao acesso e à prática de atividades físicas esportivas; já a educação física inclusiva se refere à proposta de ambientes que possibilitem práticas acessíveis a todos os alunos; a atividade física adaptada, por sua vez, é relativa à atividade física, à promoção da saúde e à inclusão; e, por fim, o esporte adaptado está relacionado à prática esportiva adaptada para as pessoas com deficiência, prática esta administrada por entidades oficiais, nacionais e internacionais.

Evidenciamos, ainda, que, para realizar uma proposta de práticas corporais de aventura acessíveis, precisamos inicialmente verificar quais as especificidades e as particularidades dos alunos.

No caso dos alunos com deficiência, o professor precisa verificar qual é o tipo de deficiência, se ela é congênita ou adquirida, transitória ou permanente, progressiva ou não progressiva. Após essa verificação, é necessário identificar quais as estruturas dos indivíduos que foram prejudicados em decorrência do impedimento. Posteriormente, com base nessas questões diagnósticas, o professor poderá verificar qual é a melhor forma de se realizar a intervenção, além de reconhecer as limitações e as capacidades de seus alunos, contribuindo para a identificação das adaptações necessárias a serem realizadas durante as atividades.

A proposta de atividades e esportes de aventura para pessoas com deficiência visual pode ser realizada como uma forma de proporcionar oportunidades e experiências significativas a elas, entretanto, é importante que alguns cuidados sejam respeitados, como a familiarização com o ambiente, a remoção de possíveis obstáculos e a utilização da instrução sinestésica e auditiva.

Um fator fundamental a ser considerado ao propor práticas corporais de aventura para pessoas com deficiências físicas refere-se à necessidade de se proporcionar acessibilidade durante as atividades, de modo que seja possível a participação de pessoas amputadas, com lesão medular ou paralisia cerebral.

Já ao realizar a proposta de práticas corporais de aventura para pessoas com deficiência intelectual, é fundamental realizar orientações claras e diretas, possibilitar a resolução de problemas manifestados por etapas, utilizar o reforço positivo, fazer adaptações sempre que necessário, não subestimar a capacidade dos alunos e considerar a utilização de tutores.

Com relação à prática de atividades para pessoas com Transtorno do Espectro Autista (TEA), devemos considerar a existência de um desenvolvimento atípico na interação social, sendo fundamental buscar conectar-se com os alunos e, a partir disso, identificar aspectos que possam ser utilizados durante as práticas. Sobre o desenvolvimento de atividades para indivíduos com Transtorno de Déficit de Atenção e Hiperatividade (TDAH), devemos explorar atividades de memória, atenção e concentração, assim como utilizar elementos como o jogo, o trabalho cooperativo e a ludicidade.

Por fim, quanto à proposta de atividades para idosos, devemos proporcionar o desenvolvimento da mobilidade, flexibilidade, equilíbrio, postura corporal, força, tempo de reação e coordenação, assim como abordar o compartilhamento de experiências, descobertas e desafios por meio da recreação e da socialização, proporcionando experiências capazes de melhorar os aspectos psicológicos e sociais, contribuindo para a autoestima e a autonomia.

Atividades de autoavaliação

1. Assinale a alternativa que apresenta a terminologia atualmente correta:
   a) Portador de necessidades especiais.
   b) Portador de deficiência.
   c) Pessoa portadora de deficiência.
   d) Pessoa com deficiência.
   e) Indivíduo portador de necessidades especiais.

2. Analise as assertivas a seguir e assinale V para as verdadeiras e F para as falsas:
   ( ) O conceito de universalidade está ligado à democracia social e ao direito comum a todos.
   ( ) A educação física inclusiva visa oportunidades iguais de participação para todos, considerando suas capacidades e potencialidades.
   ( ) O termo *esporte adaptado* refere-se à prática esportiva adaptada para as pessoas com deficiência.
   ( ) Os termos *educação física adaptada*, *atividade física adaptada* e *esporte adaptado* têm os mesmos significados e podem ser utilizados como sinônimos.
   ( ) O termo *educação física adaptada* representa o campo de estudos relacionado à intervenção em pessoas com necessidades especiais.

3. Assinale a alternativa que apresenta a afirmação correta:
   a) A deficiência intelectual consiste em um funcionamento intelectual abaixo da média, proporcionando limitações nas funções intelectuais e cognitivas.
   b) O único indicador de deficiência intelectual é o quociente de inteligência (QI).
   c) Além do termo *deficiência intelectual*, podemos utilizar os termos *retardo mental* e *deficiência mental*.
   d) Todos os indivíduos com deficiência intelectual apresentam transtornos associados, tais como o Transtorno do Espectro Autista (TEA) e o Transtorno de Déficit de Atenção e Hiperatividade (TDAH).
   e) O nível de limitação das funções intelectuais e das habilidades adaptativas é o mesmo para qualquer indivíduo com deficiência intelectual.

4. Analise as assertivas a seguir e assinale V para as verdadeiras e F para as falsas:
   ( ) A deficiência visual está atrelada à redução ou à anulação da capacidade visual, abrangendo vários graus de acuidade visual.
   ( ) O Transtorno de Déficit de Atenção e Hiperatividade (TDAH) proporciona uma limitação relacionada à comunicação e à interação social, além da manifestação de comportamentos restritivos ou repetitivos.
   ( ) A deficiência física consiste no impedimento de ordem física ocorrido em decorrência de uma lesão neurológica ou ortopédica.
   ( ) O Transtorno do Espectro Autista (TEA) é um transtorno neurocomportamental que está relacionado à desatenção persistente e à hiperatividade.
   ( ) A deficiência intelectual consiste em um funcionamento intelectual abaixo da média, proporcionando limitações nas funções intelectuais e cognitivas.

5. O envelhecimento é um processo biológico, psicológico e social, que apresenta modificações graduais nas características funcionais de um indivíduo. Considerando essa afirmação, analise as assertivas a seguir e assinale V para as verdadeiras e F para as falsas:

( ) O envelhecimento proporciona o aumento da flexibilidade e da força muscular.

( ) Nessa fase, existe a prevalência de doenças específicas, tais como a hipertensão arterial, a insuficiência cardíaca, o diabetes e o derrame.

( ) Consideram-se idosos os indivíduos com mais de 40 anos de idade.

( ) A pressão arterial, a flexibilidade, as capacidades visual e auditiva, o equilíbrio, o controle postural, a força e o tempo de reação são exemplos de modificações manifestadas nessa fase.

( ) Com o aumento da idade, atividades comuns, como sentar, levantar e caminhar, podem tornar-se grandes desafios.

Atividades de aprendizagem

Questões para reflexão

> O profissional de Educação Física precisa saber adequar suas propostas para que sejam compatíveis com o grupo de alunos, contemplando suas características e particularidades, como a existência de impedimentos manifestados em decorrência de uma deficiência ou, ainda, de uma classificação etária específica.

1. Com base nessa afirmação, reflita sobre a inserção de pessoas com necessidades especiais nas práticas corporais de aventura, identificando quais as barreiras que esses indivíduos podem vir a encontrar.

2. Com base na reflexão anterior, identifique qual seria uma possível estratégia a ser considerada para que as barreiras sejam amenizadas, contribuindo para a prática dessas atividades.

Atividade aplicada: prática

1. Utilize os termos *atividade física adaptada* e *esporte adaptado* para realizar uma busca em diferentes bases de dados eletrônicas. Depois, identifique quais foram as características observadas nos estudos rastreados em cada termo. Esse exercício poderá auxiliar na compreensão sobre esses conceitos, evidenciando o foco e a especificidade de cada um deles.

Capítulo 5

Práticas de aventura e suas características

Mayara Torres Ordonhes

Nos capítulos anteriores, tratamos sobre as dimensões sócio-históricas das atividades e dos esportes de aventura e sobre como realizar a gestão dessas atividades. Vimos também as características biomecânicas, fisiológicas, nutricionais e psicossociais relacionadas, assim como dialogamos sobre a possibilidade de olhar para esse universo de maneira acessível e universal.

Neste capítulo, abordaremos as principais características das práticas de aventura e apresentaremos algumas propostas de modalidades, tais como o mergulho, o montanhismo, a corrida de aventura, o *trekking*, o enduro e o *rally* de regularidade.

As práticas corporais de aventura consistem nas atividades realizadas em ambientes desafiadores, sejam eles urbanos, sejam na natureza, que representam determinado grau de imprevisibilidade. Essa imprevisibilidade das experiências corporais de aventura ocorre tendo em vista que, em ambientes abertos – urbanos ou da natureza –, um praticante dificilmente conseguirá encontrar um ambiente estável e exatamente igual aquele que encontrou em uma prática anterior, e os fatores externos relacionados a esses ambientes contribuem para que exista, em cada nova prática, um novo ambiente e uma nova experiência.

Com relação a esse apontamento, podemos refletir sobre a diferença das práticas de aventura em comparação com a prática de modalidades esportivas. Embora no esporte exista a possibilidade de se enfrentar equipes diferenciadas e participar de jogos com níveis distintos, ressaltamos a existência de um padrão ambiental específico e controlado relacionado à cada modalidade, principalmente se pensarmos na estrutura física dessas atividades. Para cada esporte, temos uma altura de rede específica, utilizamos um material com peso determinado, praticamos a atividade em um espaço delimitado, com tamanho e organização específicos. Por outro lado, esse não é o cenário das práticas de aventura, tendo em vista que as diferentes possibilidades de atividades ocorrem em ambientes amplos, tais como a cidade ou a natureza, e, nesses ambientes, não temos a delimitação exata do espaço, assim como não temos o "controle" específico de possíveis intervenientes externos.

Desse modo, podemos afirmar que, nas atividades de aventura, os aspectos relacionados à imprevisibilidade, à espontaneidade, ao risco e às emoções aparecem como protagonistas. Mas, considerando esses fatores, quais seriam os pressupostos para as pessoas procurarem por essas práticas em seus momentos de lazer? Quais seriam as possíveis razões para uma pessoa realizar uma prática em um ambiente imprevisível, de caráter espontâneo, com a existência de riscos específicos e que visem à emoção?

Sabemos que, de modo geral, as razões para a prática de lazer podem estar associadas ao seu caráter utilitário ligado à produtividade, à educação e à criticidade (Dumazedier, 1980; Marcellino, 2000). Todavia, existem outros aspectos que estão ligados ao prazer que as práticas podem proporcionar, por meio da busca por excitações e vivências de emoções específicas que apresentam três elementos: sociabilidade, mobilidade e imaginação (Dunning; Elias, 1992).

A seguir, iremos explorar cada um desses elementos, além de explicar como eles se manifestam nas atividades de lazer. O elemento básico que pode ser encontrado em praticamente todas as formas de lazer é a **sociabilidade**, que consiste em estar na companhia de outras pessoas sem que exista qualquer tipo de obrigação; a partir dessas relações voluntárias, torna-se possível estabelecer amizades e relações mais profundas. Já o elemento de **mobilidade** refere-se aos aspectos ligados ao movimento, à flexibilidade, à mutabilidade e à variabilidade; consiste no sentimento de liberdade que o seres humanos podem vivenciar durante as atividades de lazer. Por fim, o elemento da **imaginação** está associado à esfera mimética das atividades de lazer. Essa característica mimética das atividades de lazer está relacionada à possibilidade de sentir emoções e sentimentos tais como que medo, euforia, ansiedade, amor, raiva, simpatia, antipatia ou outros sentimentos que o seres humanos poderiam vir a sentir em sua vida cotidiana, mas, por estarem vinculados a uma atividade de lazer, esse "descontrole" representa uma espécie de prazer, e não de sofrimento, tendo em vista que, de modo geral, manifesta-se como um "descontrole controlado" das emoções (Dunning; Elias, 1992; Elias, 2005).

Ao compreendermos esses três elementos, podemos afirmar que em todas as possibilidades de atividades de lazer uma ou mais dessas características estão presentes, principalmente quando observamos as atividades de lazer como uma tentativa de quebra de rotina e busca de excitações agradáveis (Dunning; Elias, 1992; Elias, 2005).

Essa busca por quebra de rotina manifesta-se considerando que, em seu cotidiano, as pessoas vivem constantemente pressões e formas de controle específicas advindas da própria organização da sociedade e suas diferentes instituições sociais. Assim, existem padrões sociais que delimitam quais os níveis aceitáveis de manifestação de emoções, e, quando esses níveis não são respeitados, os indivíduos são repreendidos (Elias, 2005).

Nesse sentido, o surgimento do lazer moderno estaria diretamente associado ao desejo de compensar as tensões advindas desse controle das emoções (Dunning; Elias, 1992; Elias, 2005), considerando que, por meio das atividades de lazer, diferentes emoções e sentimentos podem se manifestar sem ameaçar a integridade física e moral dos praticantes e, ainda, sem colocar a organização da vida social em risco.

Mas como podemos entender as práticas de aventura nessa perspectiva? Inicialmente, precisamos refletir que – em condições normais – saltar de um avião com um paraquedas, voar de parapente, escalar uma montanha, mergulhar no fundo do mar ou caminhar por uma trilha desconhecida poderia representar riscos específicos à integridade física das pessoas. Porém, quando existe uma preparação e uma sistematização dessas práticas, além da utilização de materiais de apoio indicados para auxiliar a execução, as pessoas podem vivenciar os desafios e os riscos inerentes a essas atividades, mas com determinado controle e segurança. Corriqueiramente, as pessoas buscam essas atividades no intuito intuito de viver experiências e emoções, em busca do prazer que sua realização pode proporcionar. Logo, por meio das práticas de aventura, as pessoas podem vivenciar o risco de modo relativamente controlado e, assim, experimentar emoções que normalmente não experimentariam em suas atividades rotineiras.

Até o presente momento, vimos que as práticas de aventura podem ser manifestadas como atividades de lazer. Entretanto, tais práticas também podem – e devem – ser abordadas no universo educacional, pois as práticas corporais de aventura estão sistematizadas na Base Nacional Comum Curricular (BNCC), sendo uma das unidades temáticas de Educação Física na etapa do ensino fundamental. Segundo a BNCC:

> na unidade temática **Práticas corporais de aventura**, exploram-se expressões e formas de experimentação corporal centradas nas perícias e proezas provocadas pelas situações de imprevisibilidade que se apresentam quando o praticante interage com um ambiente desafiador. Algumas dessas práticas costumam receber outras denominações, como esportes de risco, esportes alternativos e esportes extremos. Assim como as demais práticas, elas são objeto também de diferentes classificações, conforme o critério que se utilize. Neste documento, optou-se por diferenciá-las com base no ambiente de que necessitam para ser realizadas: na natureza e urbanas. As práticas de aventura na natureza se caracterizam por explorar as incertezas que o ambiente físico cria para o praticante na geração da vertigem e do risco controlado, como em corrida orientada, corrida de aventura, corridas de mountain bike, *rapel, tirolesa, arborismo* etc. Já as práticas de aventura urbanas exploram a "paisagem de cimento" para produzir essas condições (vertigem e risco controlado) durante a prática de parkour, skate, *patins*, bike *etc.* (BNCC, 2017b, p. 218-219, grifo do original)

Logo, assim como o profissional que trabalha com empresas privadas voltadas ao lazer e às práticas de aventura, os professores de Educação Física da rede pública ou privada também precisam ter em mente que esses aspectos fazem parte dos conteúdos propostos pela BNCC e devem ser de seu conhecimento, bem como precisam ser trabalhados de diferentes formas no universo escolar.

Para saber mais

BRASIL. Ministério da Educação. Componente curricular de Educação Física. **Base Nacional Comum Curricular**: educação é a base. Brasília, 2017. Disponível em: <https://www.alex.pro.br/BNCC%20Educa%C3%A7%C3%A3o%20F%C3%ADsica.pdf>. Acesso em: 18 fev. 2024.

Compreendidas as características das práticas de aventura, a seguir apresentaremos algumas propostas de atividades que podem ser abordadas nos momentos de lazer ou adaptadas para serem trabalhadas no universo escolar, tais como o mergulho, o montanhismo, a corrida de aventura, o *trekking*, o enduro e o *rally* de regularidade.

5.1 Mergulho

O mergulho consiste em uma prática de aventura que visa explorar o ambiente aquático. Existem diferentes modalidades de mergulho, entre elas podemos citar o mergulho livre e o mergulho autônomo (Abreu; Pereira; Vale, 2021; Dancini, 2005; Freire, 2005).

O **mergulho livre**, também conhecido como *mergulho apneia*, consiste na modalidade de mergulho mais antiga, em que o mergulhador não utiliza equipamentos de oxigênio e suspende a respiração durante a imersão. No mergulho livre *snorkeling*, o mergulhador mantém-se próximo à superfície da água e utiliza os seguintes materiais para exploração: máscara, snorquel e nadadeira (Freire, 2005).

Visando permanecer por mais tempo embaixo d´água, diferentes equipamentos de mergulho foram desenvolvidos e aperfeiçoados (Abreu; Pereira; Vale, 2021; Jorge, 2012; Freire, 2005). A prática de mergulho realizada com o auxílio desses equipamentos consiste no **mergulho autônomo**. Portanto, no mergulho autônomo, o praticante utiliza equipamentos de apoio, como o cilindro de ar comprimido, que fornece oxigênio ao praticante durante a realização do mergulho (Freire, 2005).

Quanto aos materiais e equipamentos necessários para a prática de mergulho autônomo, podemos citar (Jorge, 2012):

- Máscara de mergulho – visa proteger os olhos e possibilitar a visão subaquática.
- Nadadeiras – visam melhorar a propulsão do mergulhador.
- Snorquel – possibilita realizar a respiração com o rosto submerso.
- Roupa de mergulho – visa proporcionar proteção (térmica e física) ao corpo do mergulhador.
- Cintos de lastro – visam contrabalancear a flutuabilidade;
- Cilindros de ar comprimido – armazenam os gases respiratórios.
- Reguladores de pressão do cilindro – regulam a pressão do cilindro de acordo com a pressão do ambiente.
- Colete – auxilia no controle da flutuabilidade e no carregamento do cilindro de ar comprimido.
- Profundímetro – visa medir a profundidade.
- Bússolas, facas, lanternas e outros.

Para realizar essa prática de aventura, o praticante precisa conhecer as principais técnicas de mergulho (Freire, 2005; Jorge, 2012), sendo elas:

- Familiaridade com o meio – ter equilíbrio, controlar a respiração e movimentar-se lentamente.
- Conhecer os comandos de comunicação subaquática – os comandos visam comunicar se está tudo bem, se existe algum problema, se o mergulhador irá subir ou descer mais, entre outras informações.
- Saber realizar as manobras de compensação – ações que visam à descompressão, como a equalização da pressão dos ouvidos.
- Conhecer os próprios limites.

Atualmente, o mergulho também se tornou uma prática recreativa ofertada como um meio de explorar a vida marinha nos momentos de lazer (Freire, 2005). Tanto o mergulho livre quanto o mergulho autônomo podem ser ofertados de maneira recreativa. O mergulho livre recreativo mais comum é o *snorkeling*. No *snorkeling*, os praticantes se deslocam até um local indicado e recebem a máscara, o snorquel e as nadadeiras para que consigam explorar aquele determinado ambiente. Como nessa modalidade os praticantes não usam cilindro de oxigênio, a prática é desenvolvida próxima à superfície, por meio da flutuação ou de mergulhos curtos.

Com relação ao mergulho autônomo recreativo, a modalidade mais comum é o batismo de mergulho. No batismo de mergulho, os praticantes recebem treinamento prévio especializado sobre as principais técnicas de mergulho e realizam a atividade de maneira orientada com instrutores capacitados e certificados, que, além de direcionarem o praticante quanto à profundidade, irão auxiliar em todo o manejo do equipamento. Logo, nessa modalidade, o praticante pode realizar o mergulho até mesmo se não souber nadar, mas dominar essa habilidade pode ser um diferencial para o passeio.

5.2 Montanhismo

Antes de dialogarmos sobre o universo do montanhismo, precisamos ressaltar que os termos *montanhismo*, *caminhada* (*trekking* ou *hiking*) e *escalada* não são sinônimos. As atividades de montanhismo consistem no processo de subir e explorar determinada montanha e, durante esse processo de exploração, o praticante pode – ou não – utilizar trilhas e realizar escaladas.

Importante!

- **Montanhismo**: Consiste no processo de subir e explorar determinada montanha.
- **Hiking e trekking**: Consistem em modalidades de caminhada utilizadas para realizar o montanhismo.
- **Escalada**: Consiste na ação de subir determinado local utilizando tanto os pés quanto as mãos, devido à inclinação do ambiente e à necessidade de utilização dos quatro apoios.

O montanhismo consiste em uma prática de aventura que visa subir montanhas por meio de caminhadas ou escaladas verticais, podendo ser classificado de diferentes maneiras, tais como: montanhismo simples, alpinismo, andinismo e himalaismo (Fernandes, 2017a; Chico Trekking, 2017):

- **Montanhismo simples**: Atividade praticada em montanhas de baixas altitudes.
- **Alpinismo**: Atividade praticada em montanhas com cerca de 5.000 a 6.000 metros de altitude; tem origem nos Alpes.
- **Andinismo**: Atividade praticada em montanhas com cerca de 7.000 metros de altitude; tem origem nos Andes.
- **Himalaismo**: Atividade praticada em montanhas com cerca de 8.000 metros de altitude; tem origem no Himalaia.

Independentemente do local de realização do montanhismo, os praticantes precisam dominar alguns fatores específicos relacionados ao processo de subida, tais como: manejar corretamente os materiais de apoio; utilizar vestimentas indicadas para a prática; saber prestar alguns primeiros socorros; organizar a alimentação; cuidar da hidratação; conhecer as principais regras de conduta envolvidas no processo, como o respeito aos parceiros, à natureza, aos animais e ao ambiente de realização.

O montanhismo consiste em uma prática de aventura que prioriza a formação consciente e responsável dos praticantes. A Confederação Brasileira de Montanhismo e Escalada (CBME, 2019) sistematizou os princípios e valores fundamentais do montanhismo, sendo eles:

- reconhecimento da importância do livre acesso às áreas de recreação em montanha;
- direito de acesso;
- acesso responsável;
- recreação – opção com menos restrição possível;
- taxas de entrada e concessão de serviços;
- responsabilidade pessoal;
- responsabilidade civil;
- liberdade;
- autonomia;
- desafio natural;
- compromisso com o meio ambiente.

Para saber mais

CBME – Confederação Brasileira de Montanhismo e Escalada. **Montanhismo brasileiro**: princípios e valores. 2019. Disponível em: <https://companhiadaescalada.com.br/wp-content/uploads/2019/09/principios_valores_cbme.pdf>. Acesso em: 17 fev. 2024.

Tendo em vista as características relacionadas à prática do montanhismo, é fundamental que todo praticante conheça e respeite todos os seus princípios e valores básicos. Além disso, os praticantes devem ter os conhecimentos necessários para sua realização, priorizando sempre uma prática segura que vise amenizar os riscos inerentes existentes.

5.2.1 Caminhadas (*hiking* e *trekking*)

As caminhadas no montanhismo podem – ou não – ocorrer por meio de trilhas espalhadas no interior das montanhas, desde sua base até seu pico. Existem diferentes modalidades dessas caminhadas que se diferenciam de acordo com a intensidade, a duração e outras características. Com base nisso, temos duas principais modalidades: o *hiking* e o *trekking*.

O **hiking** consiste em uma caminhada mais curta, que pode ser realizada em um único dia, como um bate e volta realizado em uma montanha (Mattes et al., 2021; Fernandes, 2016). Logo, no *hiking* o praticante não acampa durante o percurso da caminhada. Já o **trekking** consiste em uma caminhada mais longa, de dois ou mais dias (Mattes et al., 2021; Fernandes, 2016). Nele, o praticante precisa organizar-se para acampar durante sua realização, precisando, assim, carregar os equipamentos necessários para seu acampamento. Então, percebemos outra diferença significativa entre as modalidades *hiking* e *trekking* relacionada à diferença no peso carregado durante a caminhada. Isso porque, quando a caminhada for mais longa e existir a necessidade de pernoite, o praticante precisa carregar mais peso durante sua caminhada, pois há a necessidade de transportar sacos de dormir, barracas, equipamentos para preparo da alimentação, entre outros.

Geralmente, o *hiking* ocorre em parques e campos específicos para a prática, por meio de trilhas previamente demarcadas. Já o *trekking* ocorre em ambientes com pouca ou nenhuma interferência humana, logo, nem sempre existem trilhas definidas e os praticantes exploram diversos caminhos até chegarem ao seu objetivo final – daí a importância de dominar as técnicas de localização.

> **Importante!**
>
> Embora a forma de diferenciação mais comum entre *hiking* e *trekking* esteja associada à duração e à necessidade de pernoite, todas as características da prática devem ser analisadas – principalmente após a popularização do "*trekking* de curta duração" no Brasil, em que os praticantes também não realizam pernoite. Além disso, é fundamental que seja analisada a cultura local quanto ao uso da nomenclatura, pois esta pode se modificar de país para país.

5.2.2 Escalada

A escalada consiste na ação de subir determinado local utilizando tanto os pés quanto as mãos, em razão da inclinação do ambiente e da necessidade de utilização dos quatro apoios. Essa prática pode ocorrer com ou sem a utilização de equipamentos de segurança e, além de ser realizada na natureza (escaladas de paredes de rochas, gelo etc.), pode ser praticada em estruturas artificiais que têm muros ou paredes com agarras de cimento, resina, madeira ou fibra.

Existem diferentes tipos e modalidades de escalada, estabelecidas de acordo com o ambiente em que as práticas são realizadas, os materiais utilizados, sua duração e os aspectos de segurança. A seguir, apresentamos algumas das classificações existentes (Noda, 2020; Feitosa, 2011):

- **Escalada clássica ou tradicional**: O praticante utiliza apenas os recursos naturais e consegue realizar a progressão utilizando as próprias rochas e o gelo.
- **Escalada *indoor***: É semelhante à escalada clássica, porém não ocorre no ambiente natural (rochas ou gelo), mas sim em paredes ou placas de madeira que simulam ambientes rochosos naturais.

- **Escalada em *top rope***: O praticante realiza a progressão conectado a uma corda instalada no topo da estrutura; nesse caso, precisa de outra pessoa para auxiliar no manejo da corda de segurança.
- **Escalada em *boulder***: O praticante escala pequenos blocos de rocha; logo, geralmente ocorre sem a utilização de equipamentos de segurança.
- **Escalada artificial**: Utiliza meios de suporte artificiais para conseguir realizar a progressão da escalada.
- **Escalada esportiva**: O praticante realiza a atividade de acordo com regras específicas, sistematizada em diferentes categorias de competição.

No caso da escalada esportiva, as competições podem ocorrer em três diferentes categorias, sendo elas *lead, boulder* e *speed* (IFSC, 2023). Na escalada *lead* a competição ocorre tendo em vista a progressão da escalada (dificuldade), enquanto na escalada *boulder* a competição ocorre com base no número de apoios alcançados; por fim, na escalada *speed* a competição ocorre com base no tempo de subida (velocidade).

Para saber mais

IFSC – International Federation of Sport Climbing. **Rules 2023**. Mar. 2023. Disponível em: <https://images.ifsc-climbing.org/ifsc/image/private/t_q_good/prd/y8rbz5wvclz31na8qs2s.pdf>. Acesso em: 17 fev. 2024.

Outro tópico relevante ao falar de escalada refere-se aos materiais e às técnicas necessárias para sua realização. Os principais materiais utilizados na escalada são as cordas, os mosquetões, as fitas expressas, a cadeirinha e os freios (Noda, 2020):

- **Cordas**: Podem ser dinâmicas ou estáticas.
- **Mosquetões**: Anéis de metais que visam juntar os elementos de segurança.

- **Fitas expressas**: Conhecidas como *costuras*, visam evitar o atrito entre a corda e a rocha.
- **Cadeirinha**: Conhecida como *baudrier*, visa ligar o escalador aos equipamentos de segurança.
- **Freios**: Visam travar a corda em decorrência do tensionamento.

Quanto aos equipamentos de segurança, podemos citar o capacete, as luvas, as sapatilhas ou as botas de escalada, e, no caso da escalada em neve ou gelo, as armações para os sapatos, o machado, o martelo e os parafusos de gelo. Além de existirem equipamentos específicos de segurança, os escaladores precisam conhecer as técnicas utilizadas na prática de escalada, como as técnicas de nós, de ascensão e descensão e técnicas gerais (Noda, 2020):

- **Técnicas de nós**: Podem ser classificadas em técnicas de nós de união, de ancoragem e de autobloqueio.
- **Técnicas de ascensão**: Relacionadas ao processo de subida, podem ser classificadas em técnicas estáticas ou dinâmicas.
- **Técnicas de descensão**: Relacionadas ao processo de descida, podem ser classificadas em técnicas de destrepe, corda nas costas e rapel.
- **Técnicas de segurança em geral**: Compreender os mecanismos de freios estáticos e dinâmicos e saber utilizá-los, além de conhecer e respeitar os próprios limites.

Desse modo, considerando a especificidade e a complexidade da prática de escalada, percebemos que, para praticá-la, é fundamental a utilização de materiais específicos, além do domínio das principais técnicas de execução – necessárias desde o momento de subida até o momento de descida na escalada.

5.2.3 Organização da modalidade de montanhismo

Em 1932, foi criada a Federação Internacional de Escalada e Montanhismo (International Climbing and Mountaineering Federation – UIAA), com intuito de organizar e desenvolver essas práticas de maneira global. Já no ano de 2007, foi criada a Federação Internacional de Escalada Esportiva (International Federation of Sport Climbing – IFSC), cujo objetivo é organizar, regulamentar, promover e desenvolver a modalidade de escalada esportiva pelo mundo.

Com relação às instituições brasileiras responsáveis pela administração da modalidade no país, temos a Confederação Brasileira de Montanhismo e Escalada (CBME), filiada à UIAA, e a Associação Brasileira de Escalada Esportiva (ABEE), filiada à IFSC.

A CBME foi criada em meados de 2004 e desde então visa difundir as práticas de montanha pelo país, além de promover os interesses dos montanhistas e escaladores. Já a ABEE foi criada em 2014 com intuito de organizar e administrar as ações relacionadas à escalada esportiva e de competição no Brasil. A partir do momento em que a escalada esportiva se tornou um esporte olímpico em 2020, a ABEE foi reconhecida e filiada ao Comitê Olímpico Brasileiro (COB) e ao Comitê Olímpico Internacional (COI) (ABEE, 2024).

5.3 Corrida de aventura

A corrida de aventura é uma atividade *outdoor* multidisciplinar que tem como objetivo vencer determinado percurso com diferentes desafios por meio da prática de diferentes modalidades (Togumi, 2017), entre elas a corrida de orientação, o *trekking*, o *mountain bike*, a canoagem e as técnicas verticais (escaladas, tirolesas, rapéis, entre outras). É praticada em grupos de quatro integrantes e, dentro da equipe, os praticantes podem desempenhar funções específicas, tais como (Togumi, 2017):

- **Capitão**: É o líder da equipe, responsável pelas estratégias relacionadas à intensidade, ao repouso etc.
- **Navegadores**: Responsáveis pelo uso do mapa e da bússola, visando definir as rotas entre os pontos de controle, dentro do percurso principal.
- **Carregadores**: Todos os integrantes da equipe realizam o carregamento de itens, entretanto, geralmente os carregadores são os membros mais fortes da equipe e, caso necessário, prestam auxílio aos demais.

Na corrida de aventura, os praticantes devem, obrigatoriamente e de modo ordenado, passar pelos diversos postos de controle espalhados pelo percurso. Nos postos de controle (PCs), os fiscais conferem a presença da equipe completa e assinam o passaporte de cada equipe. Caso a equipe não consiga passar por um posto de controle, será automaticamente desclassificada. Nessa prática, vence a primeira equipe que conseguir cruzar a linha de chegada com o grupo completo. Existem diferentes tipos de corrida de aventura, sendo elas: expedição, médias, estágios e curtas (Togumi, 2017):

- **Expedição**: Percurso longo com mais de três dias de duração, sem paradas obrigatórias.
- **Médias**: Apresentam as características da corrida de expedição, entretanto, com duração inferior a três dias.
- **Estágios**: Apresentam as características da corrida de expedição, porém com largadas e chegadas diárias, o que evita a privação do sono.
- **Curtas**: São de curta duração e geralmente ocorrem em um único dia.

Em alguns tipos de corrida de aventura, a organização do evento pode realizar uma *dark zone*, ou seja, uma interrupção geral da prova em razão das condições ambientais. Além da *dark zone*, a organização do evento poderá reduzir o trajeto de determinadas equipes ao observar que estas não serão capazes de finalizar o percurso completo. Essa redução chama-se *corte*, após o qual a equipe recebe um novo trajeto, que, embora reduza sua pontuação geral, possibilita a finalização da corrida.

5.3.1 Histórico da corrida de aventura

Entre os anos de 1970 e 1983, diversos testes foram criados no intuito de colocar à prova a resistência do corpo humano, tais como o *ironman*, o *triathlon*, o *coast to coast* e o *mountain wilderness classic* (Togumi, 2017). Posteriormente, em 1989, na Nova Zelândia, ocorreu a primeira edição de uma corrida de aventura intitulada *Raid Gauloises*. O evento, criado por Gérard Fusil, representou um marco nas corridas de aventura, e desde então diversas outras foram criadas, expandindo-se pelo mundo todo (Togumi, 2017).

A primeira corrida de aventura brasileira foi a Expedição Mata Atlântica (EMA), realizada em 1998 pela Sociedade Brasileira de Corridas de Aventura (SBCA). Depois dela, outras competições ocorreram e, em 2001, houve um novo marco na história das corridas de aventura brasileiras: a inclusão da EMA no circuito mundial *Adventure Race World Series*, evento anual de corrida de aventura (Togumi, 2017).

No ano de 2011, foi fundada a Confederação Brasileira de Corrida de Aventura (CBCA), que visa difundir, promover, regular, gerir, administrar, fiscalizar, defender e dirigir a prática da modalidade no país (CBCA, 2024).

> **Para saber mais**
>
> CBCA – Confederação Brasileira de Corrida de Aventura. **Sobre a CBCA**. Disponível em: <https://cbcaventura.org.br/sobre-a-cbca/>. Acesso em: 17 fev. 2024.

5.4 Trekking

Nos tópicos anteriores, vimos que a intensidade, a duração e outras características da caminhada realizada no montanhismo definem a modalidade que está sendo praticada. Neste tópico, vamos dialogar sobre as principais características do *trekking*, além de apresentar alguns aspectos relacionados ao preparo necessário para a prática

O *trekking* consiste em uma caminhada de longa duração que ocorre em ambientes da natureza. As diferentes modalidades são: *trekking* de curta distância, *trekking* de longa distância, *trekking* de regularidade e *trekking* de velocidade (Martins, 2024; Lima, et al., 2020):

- **Trekking de curta distância**: Modalidade de caminhada de curta duração que ocorre em locais mais próximos de centros urbanos, podendo ser praticada individualmente ou em grupos.
- **Trekking de longa distância**: Modalidade de caminhada de longa duração que conta com alguns pernoites pelo caminho, geralmente praticada em grupos.
- **Trekking de regularidade**: Modalidade de caminhada de competição em que os praticantes se organizam em equipes e visam desenvolver um percurso que foi previamente definido por uma organização, de acordo com um tempo específico.

- ***Trekking* de velocidade**: Modalidade de caminhada de competição que tem postos de controle específicos; os participantes buscam chegar no objetivo final o mais rápido possível.

Embora o *trekking* seja uma atividade relativamente simples, é importante ressaltarmos que sua prática demanda preparos físico, técnico e material. O preparo físico é fundamental para aguentar caminhar por longas jornadas, enfrentar obstáculos dos mais diversos relacionados ao ambiente e às condições climáticas, carregar peso levando as mochilas com os materiais necessários, entre outros fatores.

O preparo técnico está relacionado ao conhecimento do praticante sobre o ambiente da caminhada, o ritmo ideal indicado para a atividade, quais os possíveis obstáculos a serem encontrados no percurso e como superá-los. Aos praticantes iniciantes, sugere-se o cumprimento de alguns cuidados, tais como o desenvolvimento de caminhadas em grupo (Trekker, 2023).

Por fim, o preparo material está relacionado aos equipamentos necessários para a prática de *trekking* (Lima et al., 2020; The mountaineers, 2020), sendo eles:

- **Calçados**: Indica-se a utilização de calçados próprios para caminhada *outdoor*, sejam tênis, sejam botas.
- **Roupas**: Indicam-se roupas de material próprio para esportes de aventura, com proteção específica para frio e calor, além de roupas versáteis, como as calças-bermudas, que podem ser ótimas opções.
- **Mochilas**: São fundamentais para carregar os equipamentos do praticante.
- **Bastões de caminhada**: Visam proporcionar apoio e auxiliar na segurança e na prevenção de acidentes.

Além de calçados, roupas, mochilas e bastões adequados para a prática do *trekking*, existem alguns equipamentos fundamentais para a caminhada de longa duração. Em 1930, um grupo de montanhistas experientes sistematizaram uma lista conhecida por *The Ten Essentials*, que visava identificar os dez elementos básicos de sobrevivência, sendo eles (The Mountaineers, 2020):

- comida – comida extra e compacta;
- recipiente de água – recipiente e métodos de purificação de água;
- roupas extras – roupa extra e compacta;
- itens de navegação – mapa, bússola, gps;
- itens de iluminação – lanternas, pilhas;
- proteção solar – óculos de sol, protetor solar;
- primeiros socorros – itens básicos, repelente;
- *kit* de reparo – ferramentas, facas;
- iniciadores de fogo – fósforo, isqueiro;
- abrigo – cobertor, isolante térmico, saco de dormir, barraca etc.

De modo geral, em comparação com outras práticas de aventura, o *trekking* é uma atividade acessível, pois os materiais necessários para a prática consistem em itens básicos relacionados ao universo *outdoor*.

5.5 Modalidades *off road*

Os enduros e os *rallys* de regularidade consistem em modalidades de aventura *off road*, em que os praticantes visam cumprir determinado percurso desafiador de acordo com uma regularidade específica relacionada ao tempo de percurso, ou seja, devem chegar ao destino o mais próximo do tempo previsto. A principal diferença entre essas duas modalidades consiste no fato de o enduro ser praticado utilizando motocicletas, e o *rally*, carros.

5.5.1 Enduro de regularidade

No enduro de regularidade, o praticante utiliza uma motocicleta para seguir por trilhas predeterminadas de acordo com os direcionamentos obtidos em um mecanismo de navegação. Além de indicar o passo a passo do trajeto conforme o praticante for avançando pelo percurso, o mecanismo de navegação verifica se o piloto está no tempo preestabelecido para aquele determinado percurso – daí o nome *regularidade*.

Cada prova conta com uma planilha, que foi construída pelos organizadores. Nessa planilha, são inseridas figuras que serão disponibilizadas aos praticantes no intuito de orientá-los sobre a rota. Essas figuras vão aparecendo na tela dos mecanismos de navegação de acordo com o odômetro e a distância percorrida. Diferentemente de um GPS (*Global Positioning System*, em português, Sistema Global de Posicionamento), esses mecanismos não conseguem identificar caso o piloto erre a direção e siga por uma rota equivocada, logo, o piloto precisa dominar as técnicas de navegação para seguir pelo percurso correto.

Durante a prova, existem PCs que verificam o desempenho do praticante de acordo com o previsto pelos organizadores. As provas são subdivididas em três tipos de trechos, sendo eles: neutro, deslocamento e velocidade (Conceição, 2024):

- **Neutro**: Trechos que visam neutralizar a prova, nos quais o praticante pode realizar abastecimento, assim como descansar.
- **Deslocamento**: Trechos que devem ser realizados de acordo com um tempo específico de realização.
- **Velocidade**: Trechos que devem ser realizados de acordo com uma média de velocidade preestabelecida.

Ao término da prova, para cada segundo de atraso em relação ao tempo ideal, desconta-se um ponto, e para cada segundo adiantado, descontam-se três pontos. Logo, nessa modalidade, vence o participante que conseguir manter-se por mais tempo na média estabelecida, chegando ao destino o mais próximo do tempo previsto (CBM, 2024; Conceição, 2024). No Brasil, o enduro de regularidade é regulamentado pela Confederação Brasileira de Motociclismo (CBM).

> **Para saber mais**
>
> CBM – Confederação Brasileira de Motociclismo. Disponível em: <https://www.cbm.esp.br/modalidade.php?mod=17#about>. Acesso em: 18 fev. 2024.

5.5.2 *Rally* de regularidade

Assim como no enduro, no *rally* de regularidade os praticantes devem seguir por uma trajeto de acordo com as instruções de um navegador, no intuito de finalizarem o percurso no tempo previsto. Porém, nessa categoria. os praticantes utilizam veículos com transmissão 4 × 2 ou 4 × 4, e as provas podem contemplar estradas pavimentadas, secundárias, privadas, abandonadas, circuitos especiais e trajetos *off road*.

Na modalidade *rally* de regularidade 4 × 4, cada veículo pode levar quatro pessoas, sendo obrigatória a presença de um motorista e um navegador e, além deles, é permitida a presença de dois auxiliares (chamados de *zequinhas*) (CBA, 2023). No caso do *rally* de regularidade 4 × 2, é permitida a presença de apenas duas pessoas, sendo um motorista e um navegador (CBA, 2023).

As categorias dessa prática de aventura são: graduado, turismo e novato, no caso da categoria 4 × 2; e master, graduado, turismo e novato na categoria 4 × 4. A organização responsável por regulamentar e desenvolver a modalidade no Brasil é a Confederação Brasileira de Automobilismo (CBA).

Para saber mais

CBA – Confederação Brasileira de Automobilismo. Disponível em: <https://www.cba.org.br>. Acesso em: 18 fev. 2024.

Síntese

Neste capítulo, abordamos as principais características das práticas de aventura e apresentamos algumas propostas de modalidades, tais como o mergulho, o montanhismo, a corrida de aventura, o *trekking* e, por fim, o enduro e o *rally* de regularidade.

Inicialmente, vimos que as práticas de aventura consistem em atividades realizadas em ambientes desafiadores, sejam urbanos, sejam na natureza, que representam determinado grau de imprevisibilidade, espontaneidade e risco. Por meio das diferentes práticas, as pessoas podem vivenciar os desafios e os riscos inerentes a essas atividades, porém, com determinado controle e segurança. Corriqueiramente, as pessoas buscam essas atividades no intuito de viver experiências e emoções, em busca do prazer que sua realização pode proporcionar.

Ainda, analisamos as características do mergulho, que consiste em uma prática de aventura que visa explorar o ambiente aquático por meio do mergulho livre e do mergulho autônomo. Posteriormente, vimos as características do montanhismo e evidenciamos a diferença dos termos *caminhada* (*trekking* ou *hiking*) e *escalada*.

Na sequência, abordamos a corrida de aventura, observando que esta é uma atividade *outdoor* multidisciplinar em que há o objetivo de vencer determinado percurso com diferentes desafios por meio da prática de diferentes modalidades, tais como a corrida de orientação, o *trekking*, o *mountain bike*, a canoagem e as técnicas verticais.

Vimos ainda que o *trekking* consiste em uma caminhada de longa duração que ocorre em ambientes da natureza em diferentes modalidades. Por fim, exploramos o universo de duas modalidades *off road* – enduro e *rally* de regularidade –, em que os praticantes visam cumprir determinado percurso desafiador de acordo com uma regularidade específica relacionada ao tempo de execução do percurso utilizando motocicletas (no caso do enduro de regularidade) ou carros (no caso do *rally* de regularidade).

■ Atividades de autoavaliação

1. Analise as assertivas a seguir e assinale V para as verdadeiras e F para as falsas:

    ( ) As práticas corporais de aventura são aquelas atividades realizadas em ambientes desafiadores, sejam urbanos, sejam na natureza, que representam determinado grau de imprevisibilidade.

    ( ) O elemento básico que pode ser encontrado em praticamente todas as formas de lazer é a mobilidade.

    ( ) *Mobilidade* refere-se aos aspectos ligados ao movimento, à flexibilidade, à mutabilidade e à variabilidade, consistindo no sentimento de liberdade que o seres humanos podem vivenciar durante as atividades de lazer.

    ( ) *Sociabilidade* consiste em estar na companhia de outras pessoas sem que exista qualquer tipo de obrigação, tornando possível, a partir dessas relações voluntárias, estabelecer relações mais profundas e amizades.

    ( ) *Imaginação* está associada à esfera mimética das atividades de lazer, característica que está relacionada à possibilidade de sentir emoções e ter sentimentos.

2. Tendo em vista as especificidades das diferentes modalidades de mergulho, assinale a alternativa que apresenta a afirmação correta:
   a) O mergulho autônomo também pode ser chamado de *mergulho apneia*.
   b) A prática de mergulho realizada com o auxílio de equipamentos de respiração pode ser chamada de *mergulho livre*.
   c) O mergulho autônomo recreativo mais comum é o *snorkeling*.
   d) No mergulho autônomo, o praticante utiliza equipamentos de apoio, tais como o cilindro de ar comprimido.
   e) O mergulho livre recreativo mais comum é o batismo de mergulho.

3. As atividades de montanhismo consistem no processo de subir e explorar determinada montanha durante o qual o praticante pode – ou não – utilizar trilhas e realizar escaladas. Considerando essa afirmação, analise as assertivas a seguir e assinale V para as verdadeiras e F para as falsas:
   ( ) As técnicas de ascensão estão relacionadas ao processo de descida e podem ser classificadas em técnicas de destrepe, corda nas costas e rapel.
   ( ) O *hiking* e o *trekking* consistem em modalidades de caminhada utilizadas para realizar o montanhismo.
   ( ) A escalada clássica utiliza meios de suporte artificiais para conseguir realizar a progressão da escalada.
   ( ) As caminhadas no montanhismo podem – ou não – ocorrer por meio de trilhas espalhadas no interior das montanhas.
   ( ) A escalada consiste na ação de subir determinado local utilizando tanto os pés quanto as mãos.

4. Assinale a alternativa que apresenta a afirmação correta:
   a) A corrida de aventura é uma atividade *outdoor* multidisciplinar que tem como objetivo vencer determinado percurso com diferentes desafios.
   b) Na prática de corrida de aventura vence a primeira equipe que conseguir cruzar a linha de chegada, independentemente de estar completa ou não.
   c) A *dark zone* consiste na modificação do trajeto de determinada equipe.
   d) A corrida de aventura de expedição é de curta duração e geralmente ocorre em um único dia.
   e) A primeira corrida de aventura brasileira ocorreu somente no ano de 2011.

5. Analise as assertivas a seguir e assinale V para as verdadeiras e F para as falsas:
   ( ) No Brasil, o enduro de regularidade é regulamentado pela Confederação Brasileira de Motociclismo (CBM).
   ( ) A organização responsável por regulamentar e desenvolver o *rally* de regularidade no Brasil é a Confederação Brasileira de Automobilismo (CBA).
   ( ) No *rally* de regularidade 4 × 2, é permitida a presença de duas pessoas em cada veículo, sendo um motorista e um navegador.
   ( ) O enduro de regularidade utiliza motocicletas e o *rally* de regularidade utiliza carros.
   ( ) Em cada veículo da modalidade *rally* de regularidade 4 × 4 podem constar um total de duas pessoas.

■ Atividades de aprendizagem

Questões para reflexão

1. Nas atividades de aventura, os aspectos relacionados à imprevisibilidade, à espontaneidade, ao risco e às emoções aparecem como protagonistas. Considerando esses fatores, reflita sobre como os profissionais atuantes nesse universo devem orientar os praticantes a respeito das características de cada prática, seus procedimentos, os princípios de segurança e os possíveis riscos envolvidos.

2. Agora, reflita sobre a inserção das práticas corporais de aventura na Base Nacional Comum Curricular (BNCC) e identifique como o profissional de Educação Física poderia realizar a abordagem dessas práticas de maneira segura e eficiente.

Atividade aplicada: prática

1. Realize uma pesquisa sobre possíveis locais para a realização das práticas de aventura abordadas neste capítulo próximos à sua residência. Posteriormente, amplie sua pesquisa para todo o território nacional. A realização dessa pesquisa poderá auxiliar na compreensão das relações existentes entre as características de cada local do país e as diferentes possibilidades de prática de modalidades de aventura.

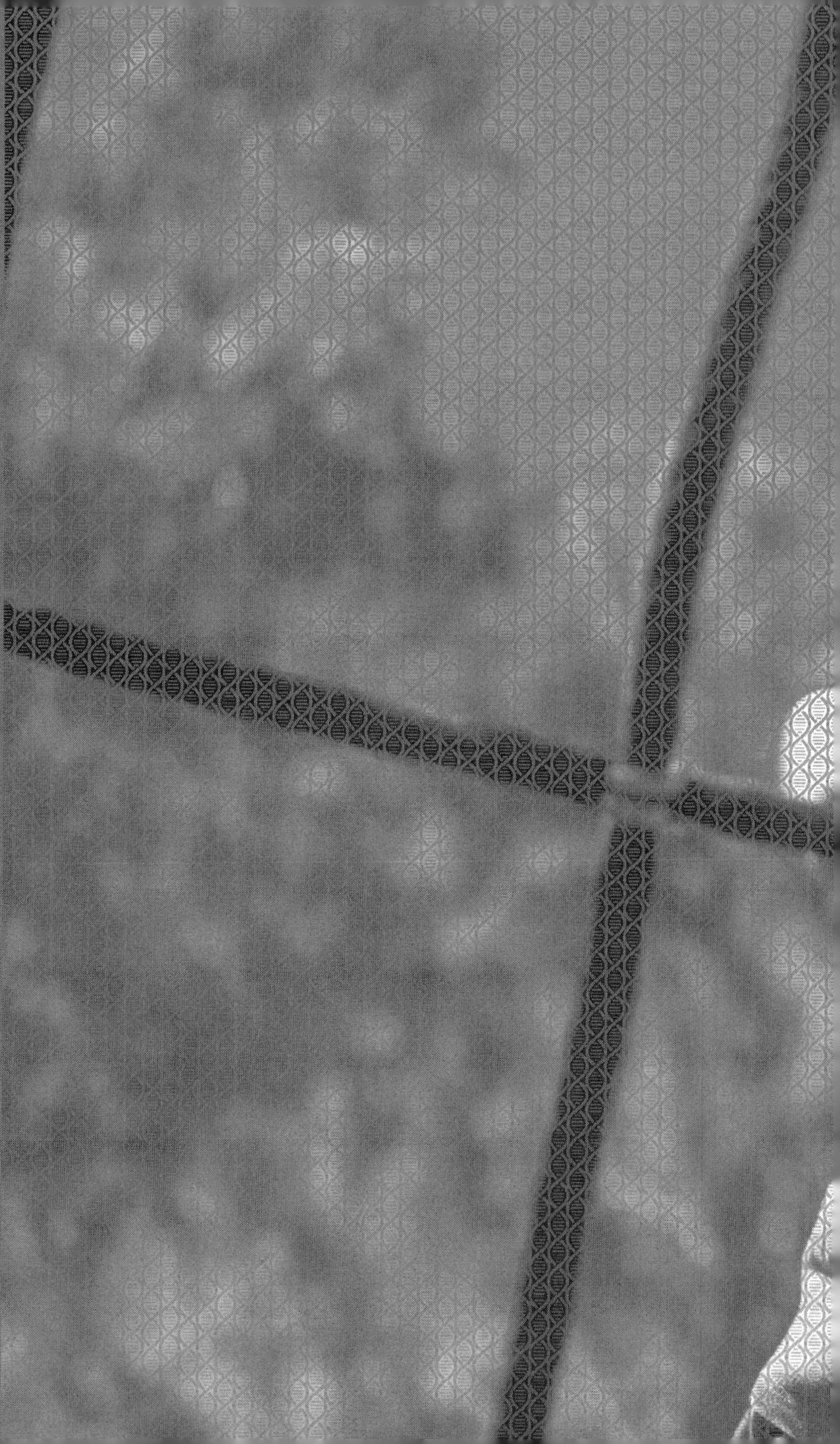

Capítulo 6

Práticas corporais de aventura no âmbito escolar

Emerson Liomar Micaliski

N	**este capítulo,** convidamos você para conhecer as diferentes concepções das atividades e dos esportes de aventura na escola. Essa é uma oportunidade para pensar as práticas corporais (com vertente urbana ou na natureza) enquanto ampliação das possibilidades de propostas curriculares. Conhecer os documentos referentes às diretrizes nacionais pode colaborar para que você compreenda os indicativos daquilo que se espera que o professor ensine e do que o aluno deve aprender.

Por meio da compreensão dos documentos norteadores da educação básica, vamos entender a inserção das práticas corporais de aventura como unidade temática da Educação Física e o desenvolvimento de competências e habilidades para ampliação da consciência dos movimentos corporais, sociais e culturais.

Outro aspecto importante a ser destacado é que nosso objetivo é prover subsídios para que você, profissional de Educação Física, tenha plenas condições de desenvolver o processo pedagógico (com qualidade significativa) nos contextos específicos em que as práticas corporais de aventura estejam inseridas.

6.1 Contextualização das atividades de aventura na escola

Os principais debates sobre como as atividades de aventura podem ser compreendidas e conceituadas são fundamentais para que possamos entender as interpretações do que é aventura e sua inserção no currículo escolar. Etimologicamente, a palavra *aventura* vem do latim *and venture* e significa "coisas a vir", estando relacionada a "estar preparado para o que vier" (Brasil, 2006). Para o Ministério do Turismo, atividades de aventura podem ser compreendidas da seguinte forma:

> *A palavra aventura – do latim* adventure *– o que há por vir, remete a algo diferente. Neste conceito, consideram-se atividades de aventura as experiências físicas e sensoriais recreativas que envolvem desafio, riscos avaliados, controláveis e assumidos que podem proporcionar sensações diversas como liberdade, prazer; superação, a depender da expectativa e experiência de cada pessoa e do nível de dificuldade de cada.* (Brasil, 2006, p. 9)

Ao tratar sobre a inserção das atividades de aventura na escola, é preciso entender algumas diretrizes curriculares da Educação Física. Vale lembrar que, desde a implantação oficial da Educação Física escolar no currículo, inúmeras transformações ocorreram em relação a seus objetivos, metodologias e propostas educacionais (Darido; Rangel, 2008). Com a Lei de Diretrizes e Bases da Educação Nacional (LDBEN) – Lei n. 9.394, de 20 de dezembro de 1996 (Brasil, 1996) – a Educação Física escolar passou a ser oficialmente componente curricular, com conteúdos e práticas contextualizadas envolvendo diferentes manifestações da cultura corporal (Monteiro, 2011).

Logo, em 1997, o documento dos Parâmetros Curriculares Nacionais (PCN) foi proposto com conteúdos democráticos, humanizados e diversificados. Entre as disciplinas curriculares, estabeleceu-se que a Educação Física contemplasse as dimensões biológicas, afetivas, cognitivas e socioculturais dos alunos durante os ensinos fundamental e médio (Brasil, 1998; Calve, 2020). Abrangendo as dimensões conceituais, procedimentais e atitudinais, os eixos temáticos de esportes, jogos, lutas, ginásticas, atividades rítmicas e expressivas, bem como os conhecimentos sobre o corpo, a Educação Física deveria ser ensinada com o objetivo de ampliar as bagagens motora, cognitiva e psicossocial dos alunos (Brasil, 1998; Calve, 2020).

Sendo referência durante duas décadas, Hercules (2018) destaca que esse documento (PCN) se configurou como uma proposta flexível e aberta, entretanto, não com o intuito de impor os conteúdos a serem trabalhados, mas de direcionar a educação para um olhar amplo e relacionado à imensidão geográfica brasileira. Dessa forma, as práticas corporais não eram delimitadas ou sistematizadas como um conteúdo específico, visto que também havia uma compreensão de que o professor e a escola deveriam ter autonomia para "operacionalizar e sistematizar os conteúdos de forma mais abrangente, diversificada e articulada possível", conforme o contexto em que seriam exercidas (Brasil, 1997, p. 37).

Nessa perspectiva, as práticas corporais de aventura aconteciam, por vezes, integradas a conteúdos de jogos e brincadeiras ou esportes, com várias terminologias, tais como: *esportes radicais* (Uvinha, 2001), *atividades físicas de aventura na natureza* (Betrán, 2003), *esportes na natureza* (Dias, 2007), *esportes de ação* (Brandão, 2010), *atividades de lazer ecológico* (Gonçalves et al., 2020), entre outras.

Em seguida, em 2017, a Base Nacional Comum Curricular (BNCC) foi apresentada como um documento orientador para o estabelecimento de objetivos de aprendizagem aos estudantes brasileiros da educação básica. Buscando a viabilização do conhecimento em cada disciplina curricular desenhada no espaço escolar, estabeleceu-se o currículo com conteúdos específicos a serem ensinados a todos com espaço para as regionalidades e a ampliação curricular (Hercules, 2018). Nesse documento, a Educação Física é inserida na área de linguagens, pois compreendeu-se que tal disciplina trabalha com o desenvolvimento de práticas corporais codificadas culturalmente e inseridas socialmente.

De acordo com a BNCC, a Educação Física envolve:

> *saberes corporais, experiências estéticas, emotivas, lúdicas e agonistas, que se inscrevem, mas não se restringem, à racionalidade típica dos saberes científicos que, comumente, orienta as práticas pedagógicas na escola. [...] Para além da vivência, a experiência efetiva das práticas corporais oportuniza aos alunos participar, de forma autônoma, em contextos de lazer e saúde.* (Brasil, 2017b, p. 213)

Para a Educação Física do ensino fundamental, a BNCC estabelece que o planejamento e o desenvolvimento das aulas contemplem os conteúdos de seis unidades temáticas, sendo: brincadeiras e jogos, esportes, ginástica, dança, lutas e **práticas corporais de aventura** (Brasil, 2017b). Percebe-se que a inserção das práticas corporais de aventura, comparada aos demais conteúdos "tradicionais", foi considerada uma novidade no componente curricular da Educação Física brasileira (Inácio et al., 2016).

Segundo a BNCC, as práticas corporais de aventura buscam explorar "expressões e formas de experimentação corporal centradas nas perícias e proezas provocadas pelas situações de imprevisibilidade que se apresentam quando o praticante interage com um ambiente desafiador" (Brasil, 2017b, p. 218). Esses desafios podem ser desenvolvidos por meio de adequações dos espaços disponíveis na escola, de forma, ainda, que favoreça a experimentação corporal em situações de risco controlado, que podem ocorrer nos ambientes de natureza ou urbanas. No quadro a seguir, podemos compreender melhor as tipologias, características e exemplos das atividades estabelecidas no documento.

Quadro 6.1 Tipologias e características das práticas corporais de aventura

Tipologia das práticas de aventura	Característica	Exemplos
Natureza	Exploram as incertezas que o ambiente físico cria para o praticante na geração da vertigem e do risco controlado.	corrida orientada, corrida de aventura, corridas de *mountain bike*, rapel, tirolesa, arborismo etc.
Urbanas	Exploram a "paisagem de cimento" para produzir essas condições (vertigem e risco controlado) durante a prática.	*parkour*, *skate*, patins, *bike* etc.

Fonte: Elaborado com base em Brasil, 2017b.

Tendo essa compreensão das vertentes ou tipologias das atividades de natureza e urbanas, é possível que nos perguntemos sobre as práticas realizadas na água. Apesar de a BNCC não apresentar atividades de aventura no **meio líquido** como conteúdo orientado para determinado ano letivo, o documento não deixa de sublinhar a necessidade e a importância de os estudantes vivenciarem as atividades aquáticas (Brasil, 2017b). Reforça-se, ainda, que tais vivências não se resumem em práticas esportivas, como os quatro estilos da natação, mas em "práticas centradas na ambientação dos estudantes ao meio líquido que permitem aprender, entre outros movimentos básicos, o controle da respiração, a flutuação em equilíbrio, a imersão e os deslocamentos na água" (Brasil, 2017b, p. 219).

Sabe-se que as dificuldades inerentes às atividades de aventura no meio líquido são recorrentes na maioria das instituições escolares, essencialmente em razão da falta de infraestrutura. Somado a isso, emergem dúvidas da parte dos professores para trabalhar com conteúdos como *surf*, *rafting*, canoagem, mergulho, *windsurf*, entre outros. Diante dessas dificuldades, os autores Inácio et al. (2016) destacam que alternativas como uso de piscinas emprestadas de outros espaços locais, como clubes ou instituições públicas, além de pensar em pontos estratégicos de rios, lagos ou mar, fazem parte desse processo. Outra possibilidade, conforme Inácio et al. (2016, p. 176, grifo do original), seriam as práticas "**com** água e não **na** água", mesmo não sendo o ideal, mas uma alternativa pedagógica. Os autores entendem que,

> ao longo dos últimos anos temos pesquisado possibilidades de trato pedagógico das PCAs [Práticas Corporais de Aventura na Natureza] e algumas destas, constituídas desde os princípios mais acima elencados, utilizaram a água como componente da prática, ao menos em duas propostas: a água como elemento auxiliador para o deslizamento sobre superfícies lisas, tais como lonas dispostas no chão ou em terrenos aclivados; e como agregador do elemento lúdico, quando alunos em balanço com cordas eram submetidos a jatos de água. (Inácio et al., 2016, p. 176)

Esses exemplos citados no estudo de Inácio et al. (2016) trazem algumas provocações ao pensarmos em novas possibilidades para desenvolver o conteúdo das práticas de aventura "**na** água". Sabendo que a maioria das escolas não dispõem de espaços físicos ou materiais adequados para execução do conteúdo pedagógico, essas alternativas de maneira simulada se tornam boas estratégias para o desenvolvimento das práticas de aventura.

6.2 Aventura na escola e o desenvolvimento de competências e habilidades corporais

Inicialmente, vale reforçar que, ao iniciarmos a escrita deste capítulo, apresentamos suscintamente o contexto histórico das diretrizes curriculares que orientam o percurso docente ante os conteúdos estabelecidos para a Educação Física. Essa apresentação foi fundamental para entendermos que a realidade brasileira pressupõe diretrizes significativas, todas com o objetivo de orientar os planejamentos curriculares nas modalidades educacionais e em diversos níveis escolares da educação básica (Hercules, 2018).

Diante dessa construção contínua, é possível perceber a atualização de conteúdos ou objetos de conhecimentos nas matrizes curriculares, entre eles a própria inserção das práticas corporais de aventura na educação física no último documento norteador, a BNCC. Tal documento pressupõe que, durante a educação básica – educação infantil, ensino fundamental e o ensino médio –, os conteúdos sejam desenvolvidos em um processo contínuo, instigando o equilíbrio e preservando as especificidades de cada estrutura a fim de alcançar dez competências gerais da educação básica (Brasil, 2017b), conforme apresentado no quadro a seguir.

Quadro 6.2 **Competências gerais da BNCC**

1. Valorizar e utilizar os conhecimentos historicamente construídos sobre o mundo físico, social, cultural e digital para entender e explicar a realidade, continuar aprendendo e colaborar para a construção de uma sociedade justa, democrática e inclusiva.
2. Exercitar a curiosidade intelectual e recorrer à abordagem própria das ciências, incluindo a investigação, a reflexão, a análise crítica, a imaginação e a criatividade, para investigar causas, elaborar e testar hipóteses, formular e resolver problemas e criar soluções (inclusive tecnológicas) com base nos conhecimentos das diferentes áreas.

(continua)

(Quadro 6.2 – conclusão)

3. Valorizar e fruir as diversas manifestações artísticas e culturais, das locais às mundiais, e também participar de práticas diversificadas da produção artístico-cultural.

4. Utilizar diferentes linguagens – verbal (oral ou visual-motora, como Libras, e escrita), corporal, visual, sonora e digital –, bem como conhecimentos das linguagens artística, matemática e científica, para se expressar e partilhar informações, experiências, ideias e sentimentos em diferentes contextos e produzir sentidos que levem ao entendimento mútuo.

5. Compreender, utilizar e criar tecnologias digitais de informação e comunicação de forma crítica, significativa, reflexiva e ética nas diversas práticas sociais (incluindo as escolares) para se comunicar, acessar e disseminar informações, produzir conhecimentos, resolver problemas e exercer protagonismo e autoria na vida pessoal e coletiva.

6. Valorizar a diversidade de saberes e vivências culturais e apropriar-se de conhecimentos e experiências que lhe possibilitem entender as relações próprias do mundo do trabalho e fazer escolhas alinhadas ao exercício da cidadania e ao seu projeto de vida, com liberdade, autonomia, consciência crítica e responsabilidade.

7. Argumentar com base em fatos, dados e informações confiáveis, para formular, negociar e defender ideias, pontos de vista e decisões comuns que respeitem e promovam os direitos humanos, a consciência socioambiental e o consumo responsável em âmbito local, regional e global, com posicionamento ético em relação ao cuidado de si mesmo, dos outros e do planeta.

8. Conhecer-se, apreciar-se e cuidar de sua saúde física e emocional, compreendendo-se na diversidade humana e reconhecendo suas emoções e as dos outros, com autocrítica e capacidade para lidar com elas.

9. Exercitar a empatia, o diálogo, a resolução de conflitos e a cooperação, fazendo-se respeitar e promovendo o respeito ao outro e aos direitos humanos, com acolhimento e valorização da diversidade de indivíduos e de grupos sociais, seus saberes, identidades, culturas e potencialidades, sem preconceitos de qualquer natureza.

10. Agir pessoal e coletivamente com autonomia, responsabilidade, flexibilidade, resiliência e determinação, tomando decisões com base em princípios éticos, democráticos, inclusivos, sustentáveis e solidários.

Fonte: Brasil, 2017a, p. 7-8.

A BNCC define *competência* como: "a mobilização de conhecimentos (conceitos e procedimentos), habilidades (práticas, cognitivas e socioemocionais), atitudes e valores para resolver demandas complexas da vida cotidiana, do pleno exercício da cidadania e do mundo do trabalho" (Brasil, 2017a, p. 6).

De modo geral, as competências têm a pretensão de "assegurar, como resultado do seu processo de aprendizagem e desenvolvimento, uma formação humana integral que visa à construção de uma sociedade justa, democrática e inclusiva" (Brasil, 2017a, p. 23). Na educação infantil, as competências gerais devem ser desenvolvidas em Campos de Experiência e Direitos de Aprendizagem e Desenvolvimento. Já para o ensino fundamental, estão divididas em cinco áreas de conhecimento: Área de Linguagens, Área de Matemática, Área de Ciências da Natureza, Área de Ciências Humanas, e Área de Ensino Religioso. Por sua vez, no ensino médio as competências se desdobram em habilidades a serem trabalhadas conforme cada área do conhecimento (Brasil, 2017a).

Nas Áreas de Linguagens e Humanas, que abrangem mais de um componente curricular, são definidas as competências específicas a serem desenvolvidas pelos estudantes durante a sua escolarização (Brasil, 2017a). A Educação Física está inserida na área de Linguagens, pois, como já vimos, existe a compreensão de que ela trabalha com o desenvolvimento de práticas corporais codificadas culturalmente e inseridas socialmente (Hercules, 2018). No Quadro 6.3, a seguir, apresentamos as competências da Educação Física estabelecidas para o ensino fundamental.

Quadro 6.3 Competências específicas da Educação Física para o ensino fundamental

---

1. Compreender a origem da cultura corporal de movimento e seus vínculos com a organização da vida coletiva e individual.

2. Planejar e empregar estratégias para resolver desafios e aumentar as possibilidades de aprendizagem das práticas corporais, além de se envolver no processo de ampliação do acervo cultural nesse campo.

(continua)

(Quadro 6.3 – conclusão)

3. Refletir, criticamente, sobre as relações entre a realização das práticas corporais e os processos de saúde/doença, inclusive no contexto das atividades laborais.

4. Identificar a multiplicidade de padrões de desempenho, saúde, beleza e estética corporal, analisando, criticamente, os modelos disseminados na mídia e discutir posturas consumistas e preconceituosas.

5. Identificar as formas de produção dos preconceitos, compreender seus efeitos e combater posicionamentos discriminatórios em relação às práticas corporais e aos seus participantes.

6. Interpretar e recriar os valores, os sentidos e os significados atribuídos às diferentes práticas corporais, bem como aos sujeitos que delas participam.

7. Reconhecer as práticas corporais como elementos constitutivos da identidade cultural dos povos e grupos.

8. Usufruir das práticas corporais de forma autônoma para potencializar o envolvimento em contextos de lazer, ampliar as redes de sociabilidade e a promoção da saúde.

9. Reconhecer o acesso às práticas corporais como direito do cidadão, propondo e produzindo alternativas para sua realização no contexto comunitário.

10. Experimentar, desfrutar, apreciar e criar diferentes brincadeiras, jogos, danças, ginásticas, esportes, lutas e práticas corporais de aventura, valorizando o trabalho coletivo e o protagonismo.

Fonte: Brasil, 2017a, p. 219.

Nesse contexto, para alcançar as competências estabelecidas, a Educação Física apresenta um conjunto de habilidades específicas relacionadas a diferentes objetos de conhecimento compreendidos nas unidades temáticas – Brincadeiras e jogos, Esportes, Ginástica, Dança, Lutas e Práticas corporais de aventura (Brasil, 2017a).

Tratando das **práticas corporais de aventura**, os professores são orientados a desenvolvê-las nos anos finais do ensino fundamental. Segundo a BNCC, entende-se que, "a partir do 6º ano, prevê-se que os estudantes possam ter acesso a um conhecimento mais aprofundado de algumas das práticas corporais, como também sua realização em contextos de lazer e saúde, dentro e fora da escola" (Brasil, 2017a, p. 227). Dessa forma, as **Práticas corporais de aventura urbanas** são previstas para o 6º e o 7º anos, enquanto as **Práticas corporais de aventura na natureza** para o 8º e o 9º anos.

Entre as habilidades designadas para serem desenvolvidas a partir dos objetos de conhecimento das Práticas corporais de aventura, destacam-se as apresentadas no quadro a seguir.

Quadro 6.4 **Habilidades das práticas corporais de aventura**

Práticas corporais de aventura urbanas	(EF67EF18) Experimentar e fruir diferentes práticas corporais de aventura urbanas, valorizando a própria segurança e integridade física, bem como as dos demais.
	(EF67EF19) Identificar os riscos durante a realização de práticas corporais de aventura urbanas e planejar estratégias para sua superação.
	(EF67EF20) Executar práticas corporais de aventura urbanas, respeitando o patrimônio público e utilizando alternativas para a prática segura em diversos espaços.
	(EF67EF21) Identificar a origem das práticas corporais de aventura e as possibilidades de recriá-las, reconhecendo as características (instrumentos, equipamentos de segurança, indumentária, organização) e seus tipos de práticas.
Práticas corporais de aventura na natureza	(EF89EF19) Experimentar e fruir diferentes práticas corporais de aventura na natureza, valorizando a própria segurança e integridade física, bem como as dos demais, respeitando o patrimônio natural e minimizando os impactos de degradação ambiental.
	(EF89EF20) Identificar riscos, formular estratégias e observar normas de segurança para superar os desafios na realização de práticas corporais de aventura na natureza.
	(EF89EF21) Identificar as características (equipamentos de segurança, instrumentos, indumentária, organização) das práticas corporais de aventura na natureza, bem como suas transformações históricas.

Fonte: Brasil, 2017a, p. 231, 235.

Vale ressaltar que a unidade temática das práticas corporais de aventura estruturada nas vertentes urbana e de natureza tem foco na experiência e nos cuidados com o respeito às questões naturais e de patrimônio público, bem como na integridade física sua e do outro (Brasil, 2017a). O aluno deve ser instigado a realizar tais práticas dentro e fora do ambiente escolar, interpretando os diferentes tipos e possibilidades de aventura, além de suas mudanças históricas.

A BNCC ressalta, ainda, que "as práticas corporais na escola devem ser reconstruídas com base em sua função social e suas possibilidades materiais. Isso significa dizer que as mesmas podem ser transformadas no interior da escola" (Brasil, 2017a, p. 215). Ou seja, a realização das práticas corporais de aventura deve ocorrer conforme as condições da unidade escolar, muitas vezes, de forma simulada.

Por fim, o documento norteador menciona que a organização das unidades temáticas foi constituída na compreensão de que a ludicidade está presente em todas as práticas corporais. Portanto, na próxima seção, veremos algumas possibilidades de realizar as atividades ou esportes de aventura por meio dos jogos e das brincadeiras.

6.3 Jogos e brincadeiras de aventura

Mesmo que a BNCC oriente que as práticas corporais de aventura sejam trabalhadas nos anos finais do ensino fundamental, entendemos que a criança pode ter acesso às práticas de patins, *skate*, bicicleta, escalada, entre outros, antes de ingressar nos anos finais do ensino fundamental. Nesse sentido, o professor pode aproximar essas práticas nos anos iniciais da sua escolarização, essencialmente, de forma lúdica, por meio de jogos e brincadeiras nas aulas de Educação Física ou em projetos interdisciplinar ou transdisciplinar com outros componentes curriculares.

Ao tratarmos de jogos e brincadeiras, a autora Anastácio (2021) enfatiza seu grande potencial educacional para o desenvolvimento de experiências significativas de aprendizagem, seja na área da educação física, seja em outras áreas do conhecimento.

Historicamente, vários autores destacam os jogos e brincadeiras como fator integrante da natureza humana e vinculado ao seu desenvolvimento. Entre os principais nomes associados ao estudo dos jogos podemos destacar: Johan Huizinga (1872-1945), com a concepção de jogo como uma atividade livre e prioritária em qualquer cultura; Roger Caillois (1913-1978), com a concepção de jogo como uma atividade livre, incerta e fictícia; Jean Piaget (1896-1980), que associa o jogo ao desenvolvimento cognitivo da criança; e Lev Vygotsky (1896-1934), que enfatiza o jogo como atividade social e cultural (Anastácio, 2021).

Apesar de nosso objetivo não ser discutir ou aprofundar os conceitos de jogos e brincadeiras, entendemos que seja necessário destacar que, etimologicamente, segundo Murcia (2005, p. 15) "a palavra jogo provém da palavra latina *iocus*, que significa brincadeira, graça, diversão, rapidez, passatempo", o que, para Freire (1994, p. 116), significa dizer que "as definições dessas palavras em nossa língua pouco as diferenciam, brinquedo, brincadeira e jogo significam a mesma coisa, exceto que o jogo implica a existência de regras e de perdedores e ganhadores".

Embora essa definição aponte uma diferença quanto à presença das regras na atividade do jogo, percebemos que, no aspecto conceitual, *jogo* e **brincadeira** são palavras que têm basicamente a mesma origem e que estão diretamente relacionadas como ato e ação na busca da emoção por parte dos participantes – emoção que pode ser vivenciada por meio das práticas de aventura tanto no meio urbano quanto na natureza. Afinal, qual criança não gosta de brincar de skibunda com amigos, balançar-se com cordas em árvores e escalar paredes? Andar de bicicleta em parques, vias urbanas ou em trilhas? Ou, ainda, equilibrar-se ou arriscar algumas manobras com *skate*, patins ou *rollers*?

Sem dúvida, essas experiências são vivenciadas por inúmeras crianças neste Brasil afora, e elas podem parecer tão simples e naturais que nós, algumas vezes, não paramos para refletir que essas práticas por meio de jogos e brincadeiras levam as crianças à busca do mesmo objetivo: a diversão. Essas indagações nos remetem, ainda, às nossas próprias vivências como crianças. Em uma tentativa de recordar experiências prazerosas ou divertidas desse contexto, é possível que, em algum momento de nossa vida, já tenhamos nos imaginado no personagem Tarzan ao balançarmos com um cipó ou uma corda amarrada em galhos de árvore ou, até mesmo, improvisado uma caixa de papelão ou uma "canoa" de palmeira para deslizar em gramas ou dunas de areia com superfícies declives.

Em uma perspectiva psicopedagógica, essas práticas favorecem a criança vivenciar sensações de emoção, imprevisibilidade, controle dos riscos, adrenalina, concentração, superação de limites, entre outras. Essas sensações permeiam as características das práticas de aventura e poderão ser realizadas com a mediação de um professor no âmbito escolar (Silva, 2020). Promover a imersão dessas atividades nas aulas de Educação Física possibilita a ampliação desse conteúdo para os anos iniciais da educação básica.

Autores como Cássaro (2011) e Silva (2020) defendem a construção de um currículo em que as práticas como *slackline*, *parkour*, *skate*, orientação, escalada esportiva, entre outras, estejam inseridas nas aulas de Educação Física nos anos iniciais. Tais atividades favorecem o desenvolvimento do equilíbrio, da agilidade, da coordenação motora, entre outras capacidades físicas. Não obstante, Silva, Pereira e Silva (2016, p. 38) também concordam com a desenvolvimento desse conteúdo, mas destacam que, "para que o professor tenha condições de incluir esse conteúdo em suas aulas e trabalhar corretamente com eles, é preciso receber formação, seja durante o curso de graduação, seja em cursos de formação continuada". No mesmo caminho, corroboramos que as instituições de ensino superior devem promover o compartilhamento de conhecimento por meio de cursos de formação continuada sobre as práticas de aventura, além do conteúdo presente nas matrizes curriculares.

No estudo intitulado "Práticas corporais de aventura nos anos iniciais: a organização e a sistematização curricular nas aulas de Educação Física", realizado por Silva (2020) durante sua pesquisa no programa de Mestrado Profissional em Educação Física da Universidade Federal do Rio Grande do Norte (UFRN), publicado no mesmo ano como material, a autora buscou "analisar e refletir os limites e as potencialidades das Práticas Corporais de Aventura nos anos iniciais do ensino fundamental, a partir do desenvolvimento de uma proposta pedagógica sistematizada e contextualizada para as turmas dos 4º e 5º anos". Entre as propostas de aulas desenvolvidas com as práticas corporais de aventura por meio de jogos e brincadeiras, a pesquisa resultou em várias proposições de aulas criadas e refletidas a partir do cenário de uma escola municipal.

Considerando a lógica de explorar os espaços, a estrutura e as possibilidades que a escola oferece, é possível desenvolver novas propostas com as práticas corporais de aventura, muitas delas com apoio das tecnologias como ferramenta pedagógica. Silva (2020) utilizou vídeos de plataformas virtuais, como o YouTube, para apresentar as práticas realizadas nos diferentes ambientes físicos (ar, água e terra). Analisando suas sugestões de aulas que foram desenvolvidas no cenário escolar, foi possível identificar a inserção de algumas modalidades, entre elas: escalada e arvorismo, utilizando escadas ou árvores no pátio ou próximas da escola; escalada em travessia, realizada por meio de portões, alambrados ou traves esportivas; escalada *indoor*, adaptadas em muros ou paredes; pista de arvorismo, realizada com passagem pelos comandos *craw* e falsa baiana; trilhas, realizadas em volta da escola, com um dos alunos tendo os olhos vendados e outro o orientando, para manter a segurança e a integridade do colega vendado; orientação, com acesso aos materiais necessários "(mapas, bússola, prismas/pontos de controle, picotadores) por meio de imagens impressas e elementos reais que puderam ser manipulados" (Silva, 2020, p. 139), além das práticas desenvolvidas na quadra esportiva e demais espaços da escola.

Essas atividades apresentadas pela autora são abordadas na literatura por diferentes autores. Sobre as práticas de trilhas, Silva (2020) defende que os professores podem trabalhar de forma interdisciplinar com a educação ambiental, oferecendo aos alunos possibilidades de "saber como praticar as atividades sem agredir a natureza, buscando um equilíbrio e sintonia entre a sua utilização para atender as necessidades do ser humano e a consequente preservação para gerações futuras" (Tahara; Carnicelli Filho, 2013. p. 63). Com relação às atividades de orientação, Pereira e Uribe (2019, p. 101) as definem como propostas capazes de reunir "os conhecimentos de forma dinâmica no aprendizado escolar, porque a teoria sobre o ambiente e a participação ativa na descoberta dos caminhos para se atingir os objetivos propostos torna a ação e a reflexão uma coisa só, inseparável".

Entre os estudos citados e outras investigações acadêmicas referentes ao desenvolvimento das práticas de aventura nas aulas de Educação Física, é possível analisar que seus resultados e discussões refletem sobre as sensações e os sentimentos provocados por tais práticas, bem como sua importância para o desenvolvimento motor do estudante. Diante disso, mesmo que outros conteúdos da educação física possam gerar inúmeros benefícios, dentre eles o sentimento da emoção, as práticas corporais de aventura têm na sua essência características intrínsecas ao socioemocional, enfrentamento do medo ou da incerteza e a exploração dos riscos controlados que há para chegar ao desfecho de uma aventura, em muitos casos, não perdendo a essência da ludicidade.

Sabendo dos possíveis "riscos" e incertezas presentes nessas práticas, é fundamental que os alunos/praticantes tenham conhecimento dos materiais de segurança, seja por meio de imagens/vídeos, seja pelos próprios objetos. Dessa forma, ao propor uma prática de escalada ou rapel, é fundamental que o professor apresente aos seus alunos equipamentos como corda, mosquetão, cadeirinha, freios, sapatilhas, magnésio e capacete, que são fundamentais para garantir a segurança nessa prática (Silva, 2020).

Isso não significa que o aluno precise ter todos esses equipamentos para o desenvolvimento das práticas corporais de aventura na escola, afinal, essas atividades são realizadas de forma adaptada, com jogos simulativos às modalidades de aventura. Sobre isso, a autora destaca:

> *Apresentar possibilidades de aulas que envolvam a aventura e, de algum modo, um certo "risco" aos alunos são vistas e recebidas [sic] pelos demais professores e pela gestão escolar com certa cautela, quando não, com resistências severas. Porém, se o professor organiza seu planejamento articulado com a proposta pedagógica da escola e permite que as demais áreas de conhecimento enxerguem nessas aulas o encontro e o diálogo de conteúdos de diferentes componentes que podem promover aprendizagem em conjunto, esse olhar certamente enxergará outras expectativas para além do medo, encontrando interfaces pedagógicas e projetos de articulação interdisciplinar entre os conhecimentos com situações de aprendizagens riquíssimas para a escola e principalmente para os alunos.*

(Silva, 2020, p. 32-33)

Vale reforçar que as propostas pedagógicas devem ser realizadas de forma adaptada, para que o aluno possa vivenciar uma determinada prática de aventura por meio de materiais ou espaços disponíveis na escola, mas sem perder a essência da modalidade. Dessa forma, essas atividades buscam garantir o desenvolvimento da criança, valorizando sempre seus avanços, pois, ao participar de tais atividades, o indivíduo a vivenciará por meio de diferentes situações, ocorrendo o estímulo motor, cognitivo, social e afetivo que lhe permitirão se reconhecer como um ser capaz de experimentar, de se divertir, de aprender e de se frustrar, ou seja, poder decidir suas ações e superar seus desafios no decorrer do seu processo de maturação.

Ao finalizar este tópico, consideramos que as interfaces das práticas corporais de aventura na Educação Física escolar podem ser trabalhadas tanto na unidade temática das práticas corporais de aventura para os anos finais do ensino fundamental quanto para os anos iniciais, inseridas no conteúdo de jogos e brincadeiras ou desenvolvida em conjunto com as demais áreas do conhecimento. Como exercício de aproximação para compreendermos algumas interpretações em relação a práticas de aventura da natureza, o aluno e as práticas corporais, podemos usar o exemplo da orientação. Sabemos que essa prática consiste na localização de um número predeterminado de pontos de controle distribuídos em um terreno – podendo ser dentro do espaço escolar. Assim, se fizermos um ensaio, mesmo que de forma interdisciplinar, por questões didáticas, e projetarmos os diversos saberes que dialogam entre si, conseguiremos vislumbrar a Matemática, a Física, a Geografia, a Biologia e a Educação Física. Veremos esse tema no tópico a seguir.

6.4 Temas contemporâneos transversais

Essa seção tem por objetivo discutir os temas contemporâneos transversais aplicados nas atividades e nos esportes de aventura na escola. Mas, sobre isso, é possível se perguntar: O que são temas transversais ou temas contemporâneos transversais? Quais são eles? De que forma podem ser trabalhados nas atividades ou esportes de aventura e natureza? Entendemos que a ausência desse conhecimento pode tornar a ação do professor limitada, especialmente porque o trabalho com os temas contemporâneos transversais é uma recomendação no currículo educacional brasileiro.

Para responder a tais questões, faz-se necessário ter a compreensão dos documentos norteadores que discutem os Temas Transversais (PCN) e os Temas Contemporâneos Transversais – TCTs (BNCC). A primeira questão nos mostra uma diferença entre os termos, o que ocorre devido a sua inserção nos PCN (1997-1998) e sua reconfiguração na BNCC (2017-2018). Darido (2012, p. 76) explica que: "Os Temas Transversais, de forma bastante simples, contemplam os problemas da sociedade brasileira, buscando em sua abordagem encontrar soluções e conscientizar os sujeitos acerca dessa necessidade". São temas propostos para todas as escolas e que podem ser trabalhados em todas as disciplinas curriculares de forma contextualizada, buscando contribuir para a formação da cidadania, além dos conteúdos considerados "clássicos".

Com a revisão curricular dos PCN para a BNCC, os Temas Transversais passaram a ser chamados de *contemporâneos*, e, na tentativa de serem inseridos no contexto de toda a educação básica, os TCTs

> buscam uma contextualização do que é ensinado, trazendo temas que sejam de interesse dos estudantes e de relevância para seu desenvolvimento como cidadão. O grande objetivo é que o estudante não termine sua educação formal tendo visto apenas conteúdos abstratos e descontextualizados, mas que também reconheça e aprenda sobre os temas que são relevantes para sua atuação na sociedade. Assim, espera-se que os TCTs permitam ao aluno entender melhor: como utilizar seu dinheiro, como cuidar de sua saúde, como usar as novas tecnologias digitais, como cuidar do planeta em que vive, como entender e respeitar aqueles que são diferentes e quais são seus direitos e deveres, assuntos que conferem aos TCTs o atributo da **contemporaneidade**.
>
> Já o **transversal** pode ser definido como aquilo que atravessa. Portanto, TCTs, no contexto educacional, são aqueles assuntos que não pertencem a uma área do conhecimento em particular, mas que atravessam todas elas, pois delas fazem parte e a trazem para a realidade do estudante. Na escola, são os temas que atendem às demandas da sociedade

contemporânea, ou seja, aqueles que são intensamente vividos pelas comunidades, pelas famílias, pelos estudantes e pelos educadores no dia a dia, que influenciam e são influenciados pelo processo educacional. (Brasil, 2019a, p. 7, grifo do original)

Acompanhando a reestruturação do sistema de ensino brasileiro, os Temas Transversais foram inicialmente recomendados nos PCN em seis grandes temas: Ética, Orientação Sexual, Meio Ambiente, Pluralidade Cultural, Saúde e Trabalho e Consumo (Darido, 2012), tendo a cidadania e a ética como os dois grandes eixos orientadores da educação (Brasil, 2019a). Com a revisão curricular proposta na BNCC, os TCTs foram aumentados para 15 e subdivididos em 6 macroáreas temáticas: "Cidadania e Civismo, Ciência e Tecnologia, Economia, Meio Ambiente, Multiculturalismo e Saúde" (Brasil, 2019a, p. 12).

Na figura a seguir podemos ter melhor compreensão sobre as macroáreas e os TCTs.

Figura 6.1 Temas Contemporâneos Transversais abordados na BNCC

Meio ambiente
Educação Ambiental
Educação para o Consumo

Ciência e Tecnologia
Ciência e Tecnologia

Economia
Trabalho
Educação Financeira
Educação Fiscal

Temas Contemporâneos Transversais na BNCC

Multiculturalismo
Diversidade Cultural
Educação para valorização do multiculturalismo nas matrizes históricas e culturais brasileiras

Cidadania e Civismo
Vida Familiar e Social
Educação para o Trânsito
Educação em Direitos Humanos
Direitos da Criança e do Adolescente
Processo de envelhecimento, respeito e valorização do idoso

Saúde
Saúde
Educação Alimentar e Nutricional

Fonte: Brasil, 2019a, p. 13.

Ao contrário dos PCN, em que não havia obrigatoriedade dos Temas Transversais, "na BNCC eles passaram a ser uma referência nacional obrigatória para a elaboração ou adequação dos currículos e propostas pedagógicas, ampliados como Temas Contemporâneos Transversais" (Brasil, 2019a, p. 11). Essa obrigatoriedade é justificada por entender que esses temas são considerados um conjunto de aprendizagens essenciais e indispensáveis para todos os estudantes, independentemente de sua faixa etária (Brasil, 2019a).

1. Para subsidiar o professor quanto à aplicação dos TCTs, a BNCC (Brasil, 2019b) apresenta uma sugestão metodológica baseada em quatro pilares:
2. Problematização da realidade e das situações de aprendizagem;
3. Superação da concepção fragmentada do conhecimento para uma visão sistêmica;
4. Integração das habilidades e competências curriculares à resolução de problemas;
5. Promoção de um processo educativo continuado e do conhecimento como uma construção coletiva.

O objetivo dessa sugestão metodológica com quatro pilares é favorecer o desenvolvimento de novas estratégias que relacionem os diferentes componentes curriculares com os TCTs, de modo que as informações dos diferentes saberes disciplinares e transversais sejam significativos ao aluno (Brasil, 2019b). Segundo o documento da BNCC, "sugere-se formas de organização dos componentes curriculares que, respeitando a competência pedagógica das equipes escolares, estimulem estratégias dinâmicas, interativas e colaborativas em relação à gestão de suas práticas pedagógicas" (Brasil, 2019b, p. 9).

Para atender às relações de conteúdos de forma articulada entre conteúdos e habilidades ou com os demais componentes curriculares, a abordagem dos TCTs pode ocorrer de três maneiras:

intradisciplinar, interdisciplinar ou transdisciplinar. Essas divisões podem ser implementadas por meio de projetos pedagógicos integradores e transversais (interdisciplinar ou transdisciplinar) e no cruzamento entre conteúdos e habilidades nos planos de aulas (intradisciplinar).

Para melhor elucidar a ideia de aproximação de um determinado conteúdo e diferentes Temas Transversais ou Integradores, é interessante observar a matriz apresentada pela BNCC, conforme mostra a figura a seguir.

Figura 6.2 Matriz integradora dos Temas Contemporâneos Transversais

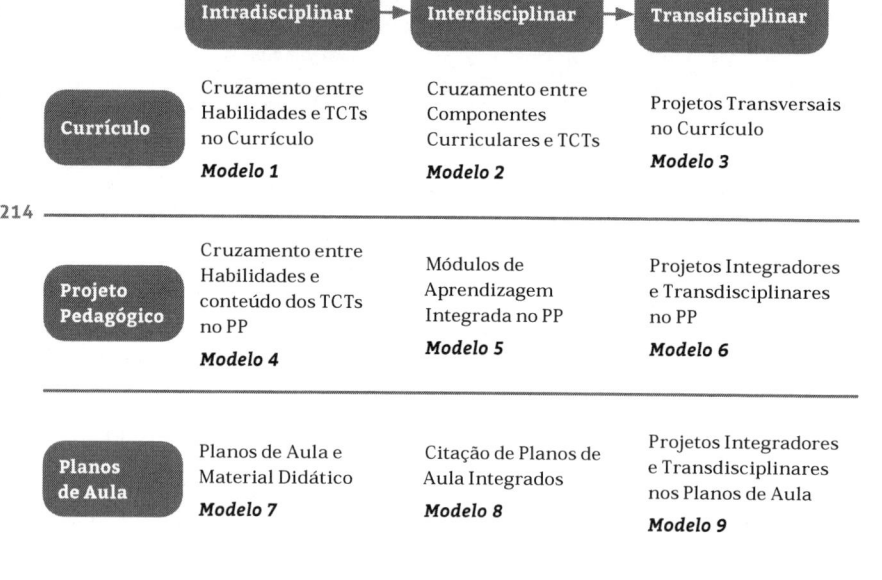

	Intradisciplinar	Interdisciplinar	Transdisciplinar
Currículo	Cruzamento entre Habilidades e TCTs no Currículo *Modelo 1*	Cruzamento entre Componentes Curriculares e TCTs *Modelo 2*	Projetos Transversais no Currículo *Modelo 3*
Projeto Pedagógico	Cruzamento entre Habilidades e conteúdo dos TCTs no PP *Modelo 4*	Módulos de Aprendizagem Integrada no PP *Modelo 5*	Projetos Integradores e Transdisciplinares no PP *Modelo 6*
Planos de Aula	Planos de Aula e Material Didático *Modelo 7*	Citação de Planos de Aula Integrados *Modelo 8*	Projetos Integradores e Transdisciplinares nos Planos de Aula *Modelo 9*

Fonte: Brasil, 2019b, p. 10.

Dessa forma, entramos no ponto que trata da terceira questão norteadora dessa seção. No entanto, ao discutir sobre as formas como podemos trabalhar as atividades ou esportes de aventura e natureza no âmbito escolar, devemos, antes, entender que os

TCTs têm como princípio promover o desenvolvimento de competências e habilidades. Como *competências* podemos entender a mobilização de conhecimentos, habilidades, atitudes e valores para resolver demandas complexas da vida cotidiana. Portanto, para identificação das habilidades trabalhadas em aula, o professor poderá indicar qual tema contemporâneo irá trabalhar em uma determinada aula ou projeto com seus alunos. Citamos como exemplo o TCT do Meio Ambiente como proposta a ser desenvolvida com turmas do 8º e 9º anos, o qual podemos trabalhar na unidade temática das práticas corporais de aventura e natureza associando a habilidade: "(EF89EF19) Experimentar e fruir diferentes práticas corporais de aventura na natureza, valorizando a própria segurança e integridade física, bem como as dos demais, respeitando o patrimônio natural e minimizando os impactos de degradação ambiental" (Brasil, 2017a, p. 239).

Aprofundando o exemplo da problemática voltada ao meio ambiente, sabemos que as discussões sobre a preservação do meio ambiente se tornaram uma constante em inúmeras áreas da sociedade. Dentro das proposições apresentadas pelos documentos norteadores (PCN e BNCC), um dos principais objetivos desejados é provocar uma mudança de mentalidade na relação do homem com o meio ambiente. A ideia é conscientizar as pessoas quanto à adoção de novas posturas diante dos dilemas que envolvem a vida cotidiana, o desenvolvimento tecnológico e o meio ambiente. Para isso, esperamos que o aluno compreenda as noções básicas sobre o tema e consiga fazer relações com seu comportamento cotidiano para se posicionar de forma crítica diante do mundo em relação à conservação ambiental.

Na tentativa de relacionar a temática das práticas corporais de aventura com o tema de meio ambiente, vamos pensar numa proposta de projeto interdisciplinar para alunos de 8º ano usando o esporte de orientação.

Quadro 6.5 Projeto interdisciplinar para alunos de 8º ano

Módulos de aprendizagem integrada de forma interdisciplinar	
Etapa/ano	8º ano
Tema contemporâneo	Meio ambiente
Componentes	Educação Física e Geografia
Prática	<ul><li>Incluir na proposta curricular do 8º ano com um módulo de aprendizagem integrada para trabalhar o tema contemporâneo transversal "Meio ambiente".</li><li>Os responsáveis pela ementa, pelos objetivos e pela definição de conteúdo e de metodologias serão os professores dos componentes Educação Física, Geografia e História. Eles também serão os responsáveis por ministrar o módulo de aprendizagem integrada. A proposta prevê espaços na grade horária para a abordagem integrada dos componentes curriculares, tendo a presença dos docentes com os estudantes.</li><li>Compartilhamento da agenda de trabalho a fim de facilitar que os estudantes estabeleçam relações significativas entre as práticas, os temas e as produções.</li><li>De acordo com a complexidade e o interesse do problema abordado, as atividades integradas podem promover a associação entre os conteúdos dos temas contemporâneos e os objetos de conhecimento estudados.</li></ul>
Habilidades da BNCC	(EF89EF19) Experimentar e fruir diferentes práticas corporais de aventura na natureza, valorizando a própria segurança e integridade física, bem como as dos demais, respeitando o patrimônio natural e minimizando os impactos de degradação ambiental. (EF08GE18) Elaborar mapas ou outras formas de representação cartográfica para analisar as redes e as dinâmicas urbanas e rurais, ordenamento territorial, contextos culturais, modo de vida e usos e ocupação de solos da África e América. (EF06GE08) Medir distâncias na superfície pelas escalas gráficas e numéricas dos mapas.

(continua)

(Quadro 6.5 – conclusão)

Módulos de aprendizagem integrada de forma interdisciplinar	
Competências gerais da BNCC	Exercitar a curiosidade intelectual e recorrer à abordagem própria das ciências, incluindo a investigação, a reflexão, a análise crítica, a imaginação e a criatividade, para investigar causas, elaborar e testar hipóteses, formular e resolver problemas e criar soluções (inclusive tecnológicas) com base nos conhecimentos das diferentes áreas.

Fonte: Elaborado com base em Brasil, 2017a; 2019b.

Nesse exemplo, buscamos aproximar um dos temas contemporâneos transversais com uma habilidade da BNCC de cada disciplina, promovendo sua abordagem com as competências gerais designadas para a educação básica.

Nessa perspectiva, caminhamos na direção de ver e interpretar o mundo organizado além do conhecimento fundamentado em disciplinas, ou seja, sem estruturas rígidas, isoladas, derrubando assim qualquer modelo que considera as diversas manifestações da vida em sociedade com características compartimentadas, divididas por áreas de conhecimentos específicos.

Pensar o mundo no panorama de transcender a rigorosa fragmentação do conhecimento disciplinar pode contribuir para um melhor exame da sociedade, que a cada dia torna-se mais complexa e dinâmica, ou seja, é considerar o universo inter ou transdisciplinar e o conhecimento cotidiano experimentado nele. A necessidade de olharmos com mais zelo para a complexa teia de saberes da vida cotidiana tem conexão com o próprio desenvolvimento da civilização, na qual o homem está acumulando continuamente conhecimentos sobre a sociedade, a natureza, o homem e outros objetos. Isso tem provocado algumas transformações em diferentes áreas de estudo, seja pela inclusão de novas disciplinas, seja pela alteração na maneira de enxergar o objeto. Com isso, a provocação de interpretar e dominar os saberes da vida moderna tem se tornado mais desafiadora.

Por fim, consideramos que ao planejarmos um conteúdo da educação física a partir de uma perspectiva que transcende as disciplinas e as perspectivas pedagógicas fragmentadas, somos forçados a compreender o contexto social em que vivemos e nos engajar em um exercício de análise, especialmente no que diz respeito aos temas relevantes para a vida em sociedade e o exercício da cidadania (Vieira et al., 2022).

6.5 Metodologias de ensino das atividades e dos esportes de aventura na escola

Mesmo frequentando a escola, muitos de nós aprendemos e vivenciamos as atividades e práticas de aventura de maneira informal – com familiares e amigos, em ambientes como pátios, parques, florestas, praças, clubes, em casa ou mesmo na rua. Profissionais e professores de Educação Física sabem que não se deve ignorar as experiências prévias de seus alunos, sendo os espaços de intervenção do profissional momentos em que é possível desenvolver estratégias de ensino mais estruturadas, que visam atingir objetivos predeterminados por meio de atividades planejadas (Almeida; Micaliski; Silva, 2019).

Se pensarmos na modalidade da escalada, sabemos que as crianças brincam em espaços fechados como *shoppings* e salões de festas ou em ambientes abertos, como os próprios muros de escolas. Entretanto, também existem locais específicos para aprendizagem e aprimoramento dessa e de outras modalidades de aventura, com profissionais e escolas especializadas.

Diante desse contexto, são comuns os seguintes questionamentos: Como podemos pensar esse cenário das modalidades esportivas de aventura? Como crianças, jovens e adultos aprendem? Quem ensina e de que maneira?

Assim como para as demais práticas e esportes de aventura, um passo importante para aprender é ter acesso à própria atividade. Isso significa vivenciar as atividades em casa, na escola e demais locais que possibilitem a realização com a utilização dos equipamentos necessários. É claro que a geolocalização e os incentivos ao esporte de cada cidade favorecem o acesso de sua população a determinadas práticas corporais de aventura na natureza ou urbanas. Por exemplo, quem vive em cidades litorâneas ou próximas de rios podem ter acessibilidade nas práticas de surfe, *rafting*, rapel etc. Já as pessoas que moram em centros urbanos mais distantes do litoral se voltam às práticas de *skate*, *parkour*, patins etc. Por sua vez, as pessoas que vivem em campos, chácaras ou cidades menores podem ter acesso a práticas de trilhas, arvorismo, motocross, paraquedismo etc.

Como mencionamos, é óbvio que o acesso a cada prática depende muito do interesse da população, das entidades que promovem o esporte ou dos gestores públicos de cada município. Isso porque cidades que não possuem estruturas naturais podem desenvolver instalações artificiais e oferecer determinadas práticas. Pegamos o exemplo da cidade de Porto Alegre – RS, que está mobilizada para se tornar a capital brasileira do *skate*. Além de possuir a maior pista da América Latina (pista Rochelle Benites), tem vários projetos para melhorias e construções de pistas por toda a cidade. Por outro lado, a cidade de Foz do Iguaçu – PR é uma das cidades brasileiras com oferta de várias práticas de aventura devido a seus recursos naturais, o que possibilita o turismo ecológico com atividades de mergulho, canoagem, caiaque, arvorismo, trilhas etc.

Curiosidade

A maior pista de *skate* do Brasil está localizada às margens do Rio Guaíba, na cidade de Porto Alegre, e chama-se *Rochelle Benites*, em homenagem à skatista gaúcha que ensinou inúmeras crianças a andar de *skate*. Rochelle faleceu aos 36 anos em decorrência de uma doença pulmonar.

Nesse sentido, se o acesso às práticas são possíveis, o segundo aspecto que devemos considerar no processo de ensino-aprendizagem nas modalidades de aventura e natureza é como as pessoas de fato aprendem a praticar. No caso de práticas mais fáceis, os desafios progressivos permitem com que as pessoas aprendam algumas técnicas por meio da vivência em si. Mesmo com poucas informações no início, as pessoas entendem a lógica do esporte e vão se aperfeiçoando ao passarem para novos desafios. Nesse caso, mesmo sem conhecer especificidades ou um número grande de obstáculos, a própria sequência da atividade "ensina" o participante como proceder (Almeida; Micaliski; Silva, 2019).

Quando tratamos dos esportes de aventura voltados à competição, entendemos que estes têm um ambiente específico para sua realização. Por exemplo, o alpinismo deve ser praticado em áreas montanhosas, a escalada esportiva em paredes específicas, o surfe na praia, o *skate* na pista, entre outros. Nesses casos, os atletas estão em um processo de rendimento esportivo, com métodos de treinamento minuciosamente planejados e prescritos no intuito de atingir ou manter o mais alto nível. Entretanto, ao tratarmos dos esportes ou das práticas de aventura e natureza no âmbito escolar, tomamos uma lógica diferente, pois existem várias possibilidades de realizá-los em outros espaços. Vamos pensar no *skate*: Como ensinar a prática do *skate* em uma aula de Educação Física?

De modo geral, todo conteúdo trabalhado em uma aula de Educação Física deve ser planejado. Para isso, devemos saber quem é nosso público, o material e o espaço disponível, os objetivos da aula e se esses objetivos (competências) serão ou foram alcançados. O entendimento do conteúdo, nesse caso, o *skate*, leva-nos de modo irremediável às dimensões conceitual, atitudinal e procedimental, as quais estão arraigadas ao processo de ensino aprendizagem (Coll, 2000; Darido; Rangel, 2008; Paixão, 2017).

De forma a compreender as interfaces dessas três dimensões com os esportes e as práticas de aventura, Paixão (2017, p. 175) nos esclarece que:

> *na dimensão conceitual podem ser desenvolvidos os aspectos históricos das modalidades, os locais de prática, os equipamentos, os objetivos e motivos de se praticar, bem como o entendimento do fator risco presente nas diferentes modalidades. No que se refere à dimensão procedimental, que trata do "como fazer", podem ser desenvolvidas as técnicas de movimentos, as técnicas e princípios relacionados à segurança e bem-estar do praticante, os processos pedagógicos e as adaptações necessárias do esporte para cada faixa etária e condições da escola. Finalmente, a partir da dimensão atitudinal, podem ser desenvolvidas a noção de regras, a ética dos esportes, o respeito às normas de segurança, a relação com situações de risco, a importância da cooperação entre praticantes no decorrer da prática de uma dada modalidade.*

Tendo essa compreensão de que a dimensão conceitual busca estimular a curiosidade em aprender, partimos do princípio de que o professor deve contextualizar a história do *skate* (como ocorreram as primeiras manifestações, sua evolução no mundo e no Brasil); as questões culturais dos atletas; as principais competições; e os atletas brasileiros que nos representam. Outras abordagens teóricas também são relevantes para aproximar os alunos do conteúdo, como apresentar o material principal (*skate*) e seus equipamentos de segurança (capacete, cotoveleiras, luvas e joelheiras).

Curiosidade

O *skate* chegou no Brasil na década de 1960 por meio de surfistas norte-americanos. No início, era escrito *esqueite*, porém, com o passar do tempo, imperou o padrão norte-americano: *skate*.

Os conteúdos procedimentais resumem-se em "aprender a fazer" (Zabala, 1998). Caracterizados pelo conhecimento mediante a experiência do fazer, deve-se levar em consideração o estágio que cada aluno se encontra para desenvolver as técnicas dos movimentos. Para isso, abordar questões sobre suas vivências ou quais manobras conhecem pode ser um bom indicativo para desenvolver as progressões pedagógicas das mais simples para as mais complexas. Numa tentativa de apresentar alguns passos pedagógicos para realizar as primeiras manobras, o praticante deve testar com qual perna na parte frontal do *skate* seu corpo oferece mais equilíbrio. Após manter o equilíbrio sobre o *skate*, vale treinar a remada, que pode ser com ou sem impulso. Para realizá-la, é necessário pisar na parte frontal e, com o outro pé, impulsionar o *skate*. Nesse progresso, ao se sentirem mais confiantes na remada, o professor pode orientar seus alunos para exercitar as mudanças de direção, exigindo que pisem na parte traseira do *skate* para elevar a parte da frente e possibilitar a virada.

Já a dimensão atitudinal refere-se aos valores e atitudes dos alunos durante as atividades. Dessa forma, podemos avaliar os cuidados com os equipamentos do *skate*, a afetividade e o companheirismo com os demais colegas durante as práticas, quais foram as dificuldades encontradas e as sensações obtidas durante a aula. Ressaltamos que, ao vivenciar essas atividades, o aluno pode ser motivado pela possibilidade de obter recompensas internas (satisfação, diversão, fazer novos amigos, aprender valores, entre outras), tomando-as como mais importantes e valiosas em sua formação do que as recompensas externas (uma premiação ou vitória, por exemplo).

Articulando essa proposta do *skate* com o processo de ensino e aprendizagem no âmbito escolar, devemos entender que, durante a prática pedagógica, o professor deve instigar, estimular e colaborar para que seus alunos aprendam cada conteúdo.

Nesse sentido, Santos et al. (2014) citam Pereira e Ambrust (2010), que indicam os três momentos que devem ser desenvolvidos em um processo de práticas de esportes de aventura:

Experimentação: momento onde a curiosidade irá gerar os desafios.

Resolução de problemas: gerada a situação desafiadora, seja através de exercícios ou construção de jogos estimuladores, indivíduos e grupos são instigados a resolver os problemas.

Organização: refinamento das resoluções através de elementos, situações e possibilidades. [...] a estrutura de organizações das habilidades motora, afetivos e sociais deve ser observada pelo professor no intuito de refinar algumas posturas corporais, conscientização dos praticantes e economia de energia.

Ao ler essa seção, é possível se perguntar: Qual é o melhor método nesse cenário das práticas e esportes de aventura? Consideramos que, historicamente, os métodos de ensino sofreram uma diversidade significativa, isto é, as abordagens ou princípios filosóficos quanto à forma de uma criança, ou mesmo um adulto, iniciar ou aprender alguma modalidade esportiva. Apesar de a adoção de uma metodologia por um professor estar associada à avaliação que este faz quanto à eficiência do método para alcançar os objetivos desejados, é válido afirmar também que a forma de ensino pode variar conforme o público e os objetivos (Almeida; Micaliski; Silva, 2019).

Segundo Darido e Rangel (2005, citados por Marante; Santos, 2008, p. 77), "metodologia não é apenas um conjunto de meios utilizados pelo professor para alcançar determinado objetivo, mas também o estudo do próprio meio em que o ensino estará imerso". Portanto, ao escolher determinada metodologia, "o professor deve ter refletido sobre sua prática social, nas especificidades de seus alunos, no contexto da sociedade e da escola, tendo bem claro a cultura escolar a [sic] qual está inserido" (Marante; Santos, 2008, p. 77).

Dessa forma, parece consenso na literatura, que o melhor método é aquele em que o professor adota uma postura ao considerar a realidade social de seus alunos, o contexto escolar, além do diálogo e da individualidade de cada aluno.

▐▐▐ *Síntese*

Neste capítulo, buscamos contextualizar as atividades e os esportes de aventura e natureza na escola. Inicialmente, identificamos as modificações nos currículos e documentos norteadores de ensino na legislação brasileira, com foco a perceber a inserção da Educação Física como componente curricular, com conteúdo e práticas contextualizadas envolvendo a cultura corporal do movimento. Com a implementação da Base Nacional Comum Curricular (BNCC), as práticas corporais de aventura (natureza e urbana) foram contempladas como unidade temática do currículo a ser trabalhada na educação básica, sendo um importante conteúdo para a formação do estudante por meio das competências e habilidades.

Discutimos as possibilidades de desenvolver diferentes práticas e esportes de aventura e natureza no âmbito escolar, levando em consideração as condições estruturais de cada unidade escolar e as progressões pedagógicas, pautadas por uma lógica vinculada a lazer, diversão, cuidado consigo mesmo e com o outro. Apresentamos, também, os Temas Contemporâneos Transversais (TCTs), que buscam favorecer o desenvolvimento de novas estratégias que relacionem os diferentes componentes curriculares, de modo que os diferentes saberes sejam significativos ao aluno. Por fim, analisamos o processo de ensino aprendizagem das práticas corporais de aventura estruturadas nas vertentes de natureza e urbana.

▌ Indicação cultural

MANUAL de *slackline*. **Canal OFF**, 2019. Disponível em: <https://www.youtube.com/playlist?list=PL1SPG-ZucBHe9dBThSLszGZ2zCOmDKgpY>. Acesso em: 18 fev. 2024.

O *Manual de slackline* é um passo a passo para iniciantes do esporte. É composto por uma série de 16 vídeos que tratam de diferentes conteúdos do *slackline*, desde seu contexto histórico aos vários tipos de modalidades e práticas. Há vídeos com tutoriais de como montar o *kit* do *slackline* e outros com dicas para iniciantes em cada uma das modalidades. De modo geral, são vídeos de fácil compreensão e que servirão como ferramenta pedagógica para o professor apresentar aos seus alunos, de maneira que eles conheçam e se sintam estimulados para a prática desse esporte.

▌ Atividades de autoavaliação

1. "As práticas de aventura na natureza se caracterizam por explorar as incertezas que o ambiente físico cria para o praticante na geração da vertigem e do risco controlado" (BNCC, 2017b, p. 219). Assinale a alternativa que apresenta exemplos de atividades de natureza:

    a) Corrida orientada, corrida de aventura, corridas de *mountain bike*, rapel, tirolesa e arborismo.
    b) *Skate*, *parkour*, *bike*, tirolesa e patins.
    c) *Slackline*, trilhas, *roller*, corrida orientada e mergulho.
    d) Escalada, escalada *indoor*, arvorismo, rapel e *skate*.

2. Tratando das práticas corporais de aventura, a Base Nacional Comum Curricular (BNCC) orienta que esses conteúdos sejam desenvolvidos da seguinte forma:

    a) As Práticas corporais de aventura na natureza são previstas para o 2º e o 3º anos, e as Práticas corporais de aventura urbanas, para o 4º e o 5º anos.

b) As Práticas corporais de aventura urbanas são previstas para o 2º e o 3º anos, e as Práticas corporais de aventura na natureza, para o 4º e o 5º anos.

c) As Práticas corporais de aventura na natureza são previstas para o 6º e o 7º anos, e as Práticas corporais de aventura urbanas, para o 8º e o 9º anos.

d) As Práticas corporais de aventura urbanas são previstas para o 6º e o 7º anos, e as Práticas corporais de aventura na natureza, para o 8º e o 9º anos.

3. Quando falamos em jogo, normalmente temos memórias afetivas relacionadas a momentos da infância ou até mesmo da vida adulta. O fato é que o jogo está presente em nossas histórias de vida em sua variedade de formatos e características. Considerando essa informação, relacione os conceitos de *jogo* aos seus autores:

1. Johan Huizinga
2. Roger Callois
3. Jean Piaget
4. Lev Vygotsky

( ) O jogo como atividade social e cultural.
( ) O jogo como uma atividade livre e prioritária em qualquer cultura.
( ) O jogo como uma atividade livre, incerta e fictícia.
( ) O jogo associado ao desenvolvimento cognitivo da criança.

Agora, assinale a alternativa que apresenta a sequência correta:

a) 1 – 2 – 4 – 3.
b) 4 – 1 – 2 – 3.
c) 3 – 4 – 2 – 1.
d) 2 – 1 – 4 – 3.

4. Para atender às relações de conteúdos de maneira articulada entre conteúdos e habilidades ou entre os demais componentes curriculares, a abordagem dos Temas Contemporâneos

Transversais (TCTs) pode ocorrer de três maneiras, quais sejam:

a) disciplinar, intradisciplinar e multidisciplinar.
b) interdisciplinar, pluridisciplinar e multidisciplinar.
c) intradisciplinar, interdisciplinar ou transdisciplinar.
d) conceituais, procedimentais e atitudinais.

5. Considerando as dimensões conceituais, procedimentais e atitudinais, assinale a alternativa correta:

a) A dimensão atitudinal resume-se ao que se deve saber.
b) A dimensão conceitual refere-se ao que se deve saber fazer.
c) A dimensão conceitual refere-se a como se deve ser.
d) A dimensão procedimental resume-se em "aprender a fazer".

Atividades de aprendizagem

Questões para reflexão

1. Algumas modalidades de aventura requerem o uso de mais acessórios e de equipamentos de segurança, enquanto outras exigem menos equipamentos. A escalada está cada vez mais presente em *shoppings* e casas de aniversários e se enquadra na unidade temática "Prática corporal de aventura", tanto como atividade urbana quanto como atividade na natureza. Imagine que você, como professor de Educação Física, poderá desenvolver essa atividade em sua unidade escolar: É possível usar o muro ou outro espaço da sua escola para construir uma parede artificial?

2. Considere a seguinte afirmação: "ainda que não tenham sido apresentadas como uma das práticas corporais organizadoras da Educação Física na BNCC, é importante sublinhar a necessidade e a pertinência dos estudantes do País terem a oportunidade de experimentar práticas corporais no meio

líquido, dado seu inegável valor para a segurança pessoal e seu potencial de fruição durante o lazer" (Brasil, 2017a, p. 215).

Levando em consideração esse excerto de texto da BNCC e a escrita deste capítulo, de que forma você pode promover a inserção de atividades do meio líquido em suas aulas de educação física? Conforme o cenário da sua escola, quais atividades ou práticas poderiam ser realizadas?

Atividade aplicada: prática

1. Proposta de aula de *skate:*

   Objetivo: conhecer a origem e a evolução do *skate* no mundo e no Brasil, bem como vivenciar seus fundamentos básicos de manobras.

   Público-alvo: crianças a partir de 10 anos ou 6º ano.

   Recursos necessários: 1 *skate* para cada dupla de alunos; cotoveleiras, luvas, joelheiras (opcional); capacetes; quadra poliesportiva.

   Esse conteúdo busca atingir as seguintes habilidades da BNCC (2017a, p. 231):

   - *(EF67EF18) Experimentar e fruir diferentes práticas corporais de aventura urbanas, valorizando a própria segurança e integridade física, bem como as dos demais.*
   - *(EF67EF19) Identificar os riscos durante a realização de práticas corporais de aventura urbanas e planejar estratégias para sua superação.*
   - *(EF67EF20) Executar práticas corporais de aventura urbanas, respeitando o patrimônio público e utilizando alternativas para a prática segura em diversos espaços.*
   - *(EF67EF21) Identificar a origem das práticas corporais de aventura e as possibilidades de recriá-las, reconhecendo as características (instrumentos, equipamentos de segurança, indumentária, organização) e seus tipos de práticas.*

   Parte inicial:

Contextualize a história do *skate*: como ocorreram as primeiras manifestações e sua evolução no mundo e no Brasil. Destaque que essa modalidade marcou sua primeira participação nos Jogos Olímpicos de Tóquio e que o Brasil teve representantes e conquistas importantes no pódio. Algumas questões reflexivas podem ser abordadas para ter uma noção sobre o conhecimento e a experiência dos alunos nessa modalidade. Por exemplo, questione sobre as vestimentas e as gírias dos atletas; quais são os atletas que representam o Brasil nas principais competições; se alguém conhece os tipos e os nomes das manobras realizadas. Em seguida, explique sobre as categorias (*street* e *half pipe*), manobras (*freestyle*, *downhill*, *downhill slide*, vertical, *street*, minirrampas) e quais são os critérios para avaliação das manobras (considerar a dificuldade e a desenvoltura das manobras realizadas pelos skatistas). Com acesso ao equipamento/material do *skate*, mostre as partes que o compõem (por meio de imagens impressas ou *on-line*).

Figura 6.3 Partes do *skate*

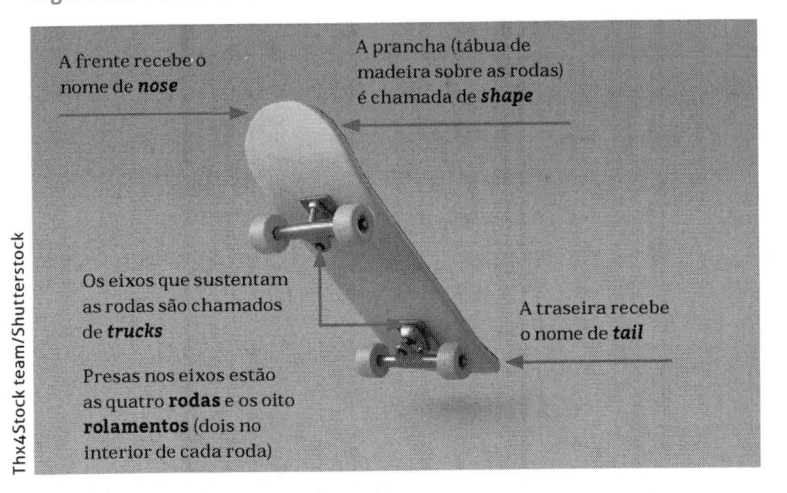

- A frente recebe o nome de **nose**
- A prancha (tábua de madeira sobre as rodas) é chamada de **shape**
- Os eixos que sustentam as rodas são chamados de **trucks**
- A traseira recebe o nome de **tail**
- Presas nos eixos estão as quatro **rodas** e os oito **rolamentos** (dois no interior de cada roda)

Parte principal:

Após essa introdução, apresente os materiais usados na prática e reforce a importância do capacete, das cotoveleiras, das luvas e das joelheiras para a segurança do aluno/atleta. Para começar a prática com o *skate*, observe os seguintes passos:

- **1º passo**: verificar se o local é apropriado para a prática do *skate*, em seguida, mostrar aos alunos qual é a parte da frente e a parte de trás.
- **2º passo**: deixar o *skate* no chão entre os pés do praticante.
- **3º passo**: deixar o pé dominante posicionado na parte frontal do *skate*.
- **4º passo**: já com o pé de apoio posicionado no *skate*, o aluno deve realizar os movimentos de subida e descida deste (o aluno poderá receber ajuda do professor ou de outro colega para manter o equilíbrio).
- **5º passo**: ficar com os dois pés sobre o *skate* e saltar em cima dele.
- **6º passo**: realizar o movimento da remada, sem subir com um dos pés no *skate*.
- **7º passo**: realizar o movimento da remada com progressão, ou seja, conforme a velocidade obtida, o aluno poderá posicionar o pé traseiro em cima do *skate*.
- **8º passo**: com os dois pés em cima do *skate*, o aluno deverá realizar curvas com a ponta dos pés ou o calcanhar.
- **9º passo**: elevar e descer a parte da frente.
- **10º passo**: alternar as batidas no *skate*.

Parte final:

Depois de os alunos terem realizados a sequência dos movimentos, questione a todos quanto às percepções do equilíbrio sobre o *skate* e as primeiras manobras: Quais dos pés à frente do *skate* proporcionou mais equilíbrio para ficar sobre ele? Como foi realizar a remada ou o impulso? Precisou da ajuda do colega? Aqueles que sentiram mais confiança na remada, puderam realizar a mudança de direção? A partir das progressões pedagógicas, insira novos desafios. Ao tempo final da aula, os alunos poderão mostrar de modo individual seu aprendizado.

Avaliação:

Com base na compreensão dos alunos, avalie se eles conseguiram identificar a origem e a evolução do *skate*, as diferentes manobras e as principais dificuldades encontradas. Também realize sua análise com base nas percepções e nos comentários durante a aula, em especial quais alunos identificaram os riscos, de modo a valorizar sua segurança e integridade física, bem como as dos demais colegas.

Considerações finais

Apresentamos, nesta obra, um levantamento abrangente sobre as atividades e os esportes de aventura na natureza, visando esclarecer sua configuração como uma área de conhecimento, uma profissão e um mercado. Trata-se tanto de um campo de atuação profissional quanto de um tema de debate acadêmico em constante crescimento, caracterizado por uma abordagem multi e interdisciplinar.

Iniciamos discutindo sobre a produção científica e os diferentes sentidos e significados atribuídos às atividades de aventura, ressaltando suas múltiplas manifestações sociais e seus limites. Destacamos o binômio risco-aventura como um aspecto motivador para essas práticas, associado à ousadia, à descoberta e à imprevisibilidade, características intrínsecas ao ambiente natural.

As atividades e os esportes de aventura na natureza podem ser realizados de diversas formas – a pé, a cavalo, de bicicleta, de carro, de balão, de barco, entre outras. Independentemente do meio, envolvem um elemento de risco controlado que estimula a experiência de aventura.

Discutimos também a transposição das aprendizagens dessas atividades para questões ambientais, ressaltando a importância de ações planejadas que despertem a consciência ambiental.

Alertamos para a necessidade de que essas práticas estejam imbuídas de valores e intenções favoráveis à preservação do meio ambiente, evitando assim efeitos negativos.

Destacamos o potencial turístico dessas experiências, que podem ser transformadas em produtos do segmento turístico, gerando empregos e movimentando a economia em diversas regiões do Brasil.

Ressaltamos, ainda, a importância do profissionalismo nesse campo, enfatizando a necessidade de competência técnica e compromisso com a preservação ambiental por parte dos praticantes e prestadores de serviços.

Vimos que a cadeia produtiva do turismo de aventura pode ser dividida em três setores distintos: emissão, transporte e recepção. É no último setor que se encontram os atrativos, que podem se configurar como turismo de aventura, com foco no local ideal para a prática da modalidade, ou como turismo de eventos esportivos, centrado na atividade promovida em um período específico.

Para garantir o sucesso das atividades de aventura, é essencial realizar uma gestão eficiente dos riscos, levando em consideração a probabilidade de ocorrência e o potencial de dano. No turismo de aventura, o profissional de Educação Física desempenha um papel crucial na identificação e na administração dos riscos reais, uma vez que a experiência turística, muitas vezes, valoriza o risco imaginado. Por outro lado, na formação de atletas recreativos ou amadores, é fundamental que a autogestão dos riscos reais faça parte da jornada esportiva de aventura.

É importante salientar que as modalidades de aventura podem ter uma finalidade educacional, como é o caso das práticas corporais de aventura na Educação Física escolar, que envolvem procedimentos de iniciação, como as microaventuras. As sensações lúdicas associadas à aventura podem ser exploradas em diversos contextos recreativos. Além disso, as experiências na natureza são destacadas, especialmente o treinamento experimental voltado para a autodescoberta e o desenvolvimento de habilidades, com modelos também focados na educação ambiental.

A Educação Física é considerada uma área privilegiada para a aprendizagem interdisciplinar, pois a memória é aprimorada quando corpo e mente complementam o *feedback* um do outro. Assim, a Educação Física no contexto interdisciplinar enriquece o aprendizado em todas as disciplinas acadêmicas, valorizando o conhecimento e a experiência trazidos por outros professores.

Entre as estratégias para aumentar a participação das crianças em atividades físicas ao ar livre está a utilização dos parquinhos, presentes em muitas escolas. Essa estratégia é relevante, pois quase metade da atividade física diária de uma criança ocorre nesse ambiente. No contexto dos esportes de aventura estão as estratégias de gerenciamento de riscos e benefícios, visando garantir a segurança máxima.

Vimos que, no contexto da Educação Física escolar, a transdisciplinaridade desempenha papel de destaque, tendo em vista a necessidade de discussões colaborativas entre alunos e professores para promover o aperfeiçoamento físico, social e intelectual.

Exploramos, ainda, diversos conceitos fundamentais relacionados às práticas de aventura, incluindo a noção de universalidade, a Educação Física inclusiva, a atividade física adaptada e o esporte adaptado, além de detalharmos as características das deficiências visual, física, intelectual e os aspectos relacionados à classificação etária dos idosos. O objetivo primordial foi fornecer subsídios para a realização de práticas corporais de aventura voltadas para esses diferentes grupos.

Ao retomar os conceitos abordados, destacamos que a universalidade nas práticas esportivas enfoca o direito de todos os indivíduos ao acesso e à participação em atividades físicas e esportivas. A Educação Física inclusiva visa criar ambientes que permitam a participação de todos os alunos, enquanto a atividade física adaptada concentra-se na promoção da saúde e na inclusão. Por sua vez, o esporte adaptado refere-se à prática esportiva adaptada para pessoas com deficiência, supervisionada por entidades oficiais.

É preciso compreender as especificidades dos alunos para a realização de propostas de práticas corporais de aventura acessíveis. No caso de alunos com deficiência, é essencial identificar o tipo, a natureza e o grau da deficiência, bem como suas limitações e capacidades, para realizar adaptações adequadas durante as atividades.

Propomos que atividades de aventura para pessoas com deficiência visual sejam realizadas com cuidados especiais, incluindo familiarização com o ambiente, remoção de obstáculos e uso de instrução sinestésica e auditiva. Já para pessoas com deficiências físicas, é crucial garantir acessibilidade durante as atividades, possibilitando a participação de indivíduos com diferentes condições físicas.

Ao planejar atividades para pessoas com deficiência intelectual, é importante fornecer orientações claras, adaptar as atividades conforme necessário e não subestimar as capacidades dos alunos. Para aqueles com Transtorno do Espectro Autista (TEA) ou Transtorno de Déficit de Atenção e Hiperatividade (TDAH), é necessário adaptar as atividades considerando suas características específicas.

No que diz respeito aos idosos, as atividades devem visar ao desenvolvimento de mobilidade, flexibilidade, equilíbrio e outros aspectos físicos, além de promover o compartilhamento de experiências e desafios por meio da recreação e socialização.

Além disso, exploramos algumas modalidades de aventura, como mergulho, montanhismo, corrida de aventura, *trekking*, enduro e *rally* de regularidade. Cada uma dessas modalidades apresentam desafios únicos e oportunidades de vivenciar experiências emocionantes em ambientes desafiadores.

Finalmente, discutimos a inserção das atividades e dos esportes de aventura na escola, considerando as mudanças nos currículos e documentos norteadores de ensino no Brasil. Essas práticas devem ser abordadas de modo contextualizado, levando em conta as condições estruturais de cada escola e promovendo o desenvolvimento de competências e habilidades dos estudantes.

Lista de siglas

ABEE – Associação Brasileira de Escalada Esportiva
Abeta – Associação Brasileira das Empresas de Ecoturismo e Turismo de Aventura
ABNT – Associação Brasileira de Normas Técnicas
Afan – Atividades físicas de aventura na natureza
BNCC – Base Nacional Comum Curricular
CBA – Confederação Brasileira de Automobilismo
CBCA – Confederação Brasileira de Corrida de Aventura
CBM – Confederação Brasileira de Motociclismo
CBME – Confederação Brasileira de Montanhismo e Escalada
COB – Comitê Olímpico Brasileiro
COI – Comitê Olímpico Internacional
EMA – Expedição Mata Atlântica
FIG – Federação Internacional de Ginástica
GPS – *Global Positioning System* (Sistema Global de Posicionamento)
IFSC – International Federation of Sport Climbing (Federação Internacional de Escalada Esportiva)
Jans – Jogos de Aventura e Natureza
LDBEN – Lei de Diretrizes e Bases da Educação Nacional
MEC – Ministério da Educação
MTur – Ministério do Turismo
OAE – *Outdoor adventure education*
ONG – Organização não governamental

PC – Posto de controle
PCA – Práticas corporais de aventura
PCN – Parâmetros Curriculares Nacionais
QI – Quociente de inteligência
SBCA – Sociedade Brasileira de Corridas de Aventura
TC – Transtorno de conduta
TCT – Tema Contemporâneo Transversal
TDAH – Transtorno de Déficit de Atenção e Hiperatividade
TEA – Transtorno do Espectro Autista
TOD – Transtorno desafiante de oposição
UIAA – International Climbing and Mountaineering Federation (Federação Internacional de Escalada e Montanhismo)

Referências

ABEE – Associação Brasileira de Escalada Esportiva. **Sobre**. Disponível em: <https://abee.com.br/sobre/>. Acesso em: 17 fev. 2024.

ABETA – Associação Brasileira das Empresas de Ecoturismo e Turismo de Aventura. **A Abeta**. Disponível em: <https://abeta.tur.br/pt/a-abeta/>. Acesso em: 18 fev. 2024.

ABREU, T. F.; PEREIRA, P. N.; VALE, P. A. F. Um Estado da arte sobre o mergulho autônomo recreativo no Brasil. **Licere**, Belo Horizonte, v. 24, n. 1, p. 130-160, mar. 2021. Disponível em: <https://periodicos.ufmg.br/index.php/licere/article/view/29499>. Acesso em: 15 jun. 2024.

ALMEIDA, B. S.; MICALISKI, E. L.; SILVA, M. R. **Esportes complementares**. Curitiba: InterSaberes, 2019.

ANASTÁCIO, B. S. **Jogos e brincadeiras na educação física escolar**. Curitiba: Contentus, 2021.

AURICCHIO, J. R. Formação dos profissionais da Cidade de Socorro-SP em atividades de aventura no âmbito do lazer. **Licere**, Belo Horizonte, v. 20, n. 1, p. 140-160, mar. 2017. Disponível em: <https://periodicos.ufmg.br/index.php/licere/article/view/1590>. Acesso em: 18 fev. 2024.

BANDEIRA, M. M.; RIBEIRO, O. C. F. Sobre os profissionais da aventura: problemas da atuação na interface esporte e turismo. **Licere**, Belo Horizonte, v. 18, n. 3, p. 116-157, set. 2015. Disponível em: <https://periodicos.ufmg.br/index.php/licere/article/view/1131/825>. Acesso em: 18 fev. 2024.

BANDEIRA, M. M.; WHEATON, B.; AMARAL, S. C. The Development of Pioneer National Policy on Adventure Recreation in Brazil and Aotearoa/New Zealand's first Review. **Leisure Studies**, v. 42, n. 3, p. 352-366, 2023. Disponível em: <https://doi.org/10.1080/02614367.2022.2125555>. Acesso em: 17 fev. 2024.

BENTO, M. G. P. Arriscar ao brincar: análise das percepções de risco em relação ao brincar num grupo de educadoras de infância. **Revista Brasileira de Educação**. v. 22, n. 69, p. 385-403, abr./jun. 2017. Disponível em: <https://www.scielo.br/j/rbedu/a/FjhxLcrQQmbj3hspxq9zD3z/abstract/?lang=pt>. Acesso em: 15 jun. 2024.

BESEN, F.; MORETTO NETO, L. Turismo de eventos esportivos: um estudo de caso do Ironman Brasil 2005. **Unopar Científica – Ciências Jurídicas e Empresariais**, Londrina, v. 6, n. 1, p. 67-73, mar. 2005. Disponível em: <https://revistajuridicas.pgsskroton.com.br/article/view/1328>. Acesso em: 15 jun. 2024.

BETRÁN, J. O. Rumo a um novo conceito de ócio ativo e turismo na Espanha: as atividades físicas de aventura na natureza. In: MARINHO, A.; BRUHNS, H. T. (Org.). **Turismo, lazer e natureza**. Barueri: Manole, 2003. p. 157-202.

BRAGA, W. C. Desvendando o autismo: mitos e verdades. In: STRAVOGIANNIS, A. L. (Coord.). **Autismo**: um olhar por inteiro. São Paulo: Literare Books International, 2021.

BRAMANTE, A. C.; PINA, L. W. A. C.; SILVA, M. R. **Gestão de espaços e equipamentos de esporte e lazer**. Curitiba: InterSaberes, 2020.

BRANDÃO, L. Esportes de ação: notas para uma pesquisa acadêmica. **Revista Brasileira de Ciências do Esporte**, Campinas, v. 32, n. 1, p. 59-73, set. 2010. Disponível em: <https://www.scielo.br/j/rbce/a/YMhNSwy9ksFLNch4ckr9bmx/>. Acesso em: 15 jun. 2024.

BRASIL. Constituição (1988). **Diário Oficial da União**, Brasília, DF, 5 out. 1988. Disponível em: <https://www.planalto.gov.br/ccivil_03/constituicao/constituicao.htm>. Acesso em: 18 fev. 2024.

BRASIL. Lei n. 9.394, de 20 de dezembro de 1996. **Diário Oficial da União**, Poder Legislativo, Brasília, DF, 23 dez. 1996. Disponível em: <https://www.planalto.gov.br/ccivil_03/leis/l9394.htm>. Acesso em: 15 jun. 2024.

BRASIL. Ministério da Educação. **Base Nacional Curricular Comum**. Brasília, 2017a. Disponível em: <http://portal.mec.gov.br/index.php?option=com_docman&view=download&alias=79601-anexo-texto-bncc-reexportado-pdf-2&category_slug=dezembro-2017-pdf&Itemid=30192>. Acesso em: 18 fev. 2024.

BRASIL. Ministério da Educação. Componente curricular de Educação Física. **Base Nacional Comum Curricular**: educação é a base. Brasília, 2017b. Disponível em: <https://www.alex.pro.br/BNCC%20Educa%C3%A7%C3%A3o%20F%C3%ADsica.pdf>. Acesso em: 18 fev. 2024.

BRASIL. Ministério da Educação. Secretaria de Educação Básica. **Temas contemporâneos transversais na BNCC**: contexto histórico e pressupostos pedagógicos. Brasília, 2019a. Disponível em: <http://basenacionalcomum.mec.gov.br/images/implementacao/contextualizacao_temas_contemporaneos.pdf>. Acesso em: 15 jun. 2024.

BRASIL. Ministério da Educação. Secretaria de Educação Básica. **Temas contemporâneos transversais na BNCC**: proposta de práticas de implementação. Brasília, 2019b. Disponível em: <http://basenacionalcomum.mec.gov.br/images/implementacao/guia_pratico_temas_contemporaneos.pdf>. Acesso em: 15 jun. 2024.

BRASIL. Ministério da Educação. Secretaria de Educação Fundamental. **Parâmetros Curriculares Nacionais**: educação física. Brasília, 1997. Disponível em: <http://portal.mec.gov.br/seb/arquivos/pdf/livro07.pdf>. Acesso em: 15 jun. 2024.

BRASIL. Ministério da Educação. Secretaria de Educação Fundamental. **Parâmetros Curriculares Nacionais**: educação física – terceiro e quarto ciclos do ensino fundamental. Brasília, 1998. Disponível em: <http://portal.mec.gov.br/seb/arquivos/pdf/fisica.pdf>. Acesso em: 15 jun. 2024.

BRASIL. Ministério do Turismo. Secretaria Nacional de Políticas de Turismo. Departamento de Estruturação, Articulação e Ordenamento Turístico, Coordenação Geral de Segmentação. **Turismo de aventura**: orientações básicas. Brasília, 2006. Disponível em: <http://www.dominiopublico.gov.br/download/texto/tu000018.pdf>. Acesso em: 15 jun. 2024.

BRASIL. Ministério do Turismo. Secretaria Nacional de Políticas de Turismo Departamento de Estruturação, Articulação e Ordenamento Turístico. Coordenação-Geral de Segmentação. **Turismo de aventura**: orientações básicas. 3. ed. Brasília, 2010. Disponível em: <https://www.terrabrasilis.org.br/ecotecadigital/images/Turismo%20de%20Aventura%20OB.pdf>. Acesso em: 18 fev. 2024.

BRUHNS, H. T. **A busca pela natureza**: turismo e aventura. Barueri: Manole, 2009.

BRUHNS, H. T. No ritmo da aventura: explorando sensações e emoções. In: MARINHO, A.; BRUHNS, H. T. (Org.). **Turismo, lazer e natureza**. Barueri: Manole, 2003. p. 29-52.

CAILLOIS, R. **Os jogos e os homens**: a máscara e a vertigem. Tradução de José Garcez Palha. Lisboa: Cotovia, 1990.

CAILLOIS, R. **Os jogos e os homens**: a máscara e a vertigem. Tradução de Maria Ferreira. Petrópolis: Vozes, 2017.

CALVE, T. **Esportes de campo e taco**: ensino, aprendizagem, treinamento. Curitiba: Contentus, 2020.

CAMPESTRINI, G. R. H.; DACOSTA, L. A pesquisa de impacto econômico como subsídio para as tomadas de decisão em gestão de eventos esportivos: estudo de caso do X Games Brasil 2013. **Movimento**, Porto Alegre, v. 23, n. 2, p. 543-557, abr./jun. 2017. Disponível em: <https://seer.ufrgs.br/Movimento/article/view/67321>. Acesso em: 15 jun. 2024.

CÁSSARO, E. R. **Atividades de aventura**: aproximações preliminares na rede municipal de ensino de Maringá. Monografia (Especialização em Educação Física na Educação Básica) – Universidade Estadual de Londrina, Londrina, 2011.

CBA – Confederação Brasileira de Automobilismo. Banco BRB. **Rallye de regularidade 4 × 4**: regulamento geral 2023. Disponível em: <http://www.cba.org.br/upload/downloads//660/rally-regularidade-4x4-regulamento-geral-2023-.pdf>. Acesso em: 17 fev. 2024.

CBCA – Confederação Brasileira de Corrida de Aventura. **Sobre a CBCA**. Disponível em: <https://cbcaventura.org.br/sobre-a-cbca/>. Acesso em: 17 fev. 2024.

CBM – Confederação Brasileira de Motociclismo. **Enduro regularidade**. Regulamentos da CBM na modalidade. Disponível em: <https://www.cbm.esp.br/sistema/exibir-regulamentos.php?organizador=CBM&idModalidade=17>. Acesso em: 18 fev. 2024.

CBME – Confederação Brasileira de Montanhismo e Escalada. **Montanhismo brasileiro**: princípios e valores. 2019. Disponível em: <https://companhiadaescalada.com.br/wp-content/uploads/2019/09/principios_valores_cbme.pdf>. Acesso em: 17 fev. 2024.

CHICO TREKKING. O que é montanhismo? 2017. Disponível em: <https://www.chicotrekking.com.br/2017/10/o-que-e-montanhismo_26.html>. Acesso em: 17 fev. 2024.

CIDADE, R. E. A. Deficiência intelectual, TDAH e transtorno do espectro autista. In: VARA, M. F. F.; CIDADE, R. E. **Educação física adaptada**. Curitiba: InterSaberes, 2020.

CIDADE, R. E. A.; FREITAS, P. S. **Introdução à educação física adaptada para pessoas com deficiência**. Curitiba: Ed. da UFPR, 2009.

CLASTRES, P. **A sociedade contra o Estado**. Tradução de Theo Santiago. São Paulo: Ubu, 2017.

COLL, C. Os conteúdos na EFE. In: COLL, C. et al. **Os conteúdos na reforma**: ensino e aprendizagem de conceitos, procedimentos e atitudes. Tradução de Beatriz Affonso Neves. Porto Alegre: Artmed, 2000.

CONCEIÇÃO, J. C. R. **Curso básico para enduro de regularidade**. Disponível em: <https://www.fbm.esp.br/admin/upload/fotos/CursoDeNavegacao_Revisao10.pdf>. Acesso em: 17 fev. 2024.

CONE, T. P. et al. **Interdisciplinary Teaching Through Physical Education**. Champaign, IL: Human Kinetics, 1998.

COSTA, C. R.; MOREIRA, J. C. C.; SEABRA JÚNIOR, M. O. Estratégias de ensino e recursos pedagógicos para o ensino de alunos com TDAH em aulas de educação física. **Revista Brasileira de Educação Especial**, Marília, v. 21, n. 1, p. 111-126, jan./mar. 2015. Disponível em: <https://www.scielo.br/j/rbee/a/bv9tRkHHtGWrHqp9KXhS7Bw/abstract/?lang=pt>. Acesso em: 15 jun. 2024.

COTHRAN, D. J.; ENNIS, C. D. Building Bridges to Student Engagement: Communicating Respect and Care for Students in Urban High Schools. **Journal of Research and Development in Education**, v. 33, n. 2, p. 106-117, 2000.

COUTO, T. S.; MELO-JUNIOR, M. R.; GOMES, C. R. A. Aspectos neurobiológicos do transtorno do déficit de atenção e hiperatividade (TDAH): uma revisão. **Ciências & Cognição**, v. 15, n. 1, p. 241-251, 2010. Disponível em: <http://pepsic.bvsalud.org/scielo.php?script=sci_arttext&pid=S1806-58212010000100019>. Acesso em: 15 jun. 2024.

CRUZ, F. **Educação física na terceira idade**: teoria e prática. São Paulo: Ícone, 2013.

DAMM, V. **Ecoturismo em Brotas**: uma análise estratégica. 84 f. Monografia (Graduação em Engenharia de Produção) – Universidade Federal de São Carlos, São Carlos, 1999.

DANCINI, J. L. **Mergulho em apneia**: fundamentos para a prática desportiva. São Paulo: Ed. do Autor, 2005.

DARIDO, S. C. Temas transversais e a educação física escolar. In: UNESP – Universidade Estadual Paulista. **Prograd. Caderno de formação**: formação de professores didática geral. São Paulo: Cultura Acadêmica, 2012. p. 76-89, v. 16. Disponível em: <https://acervodigital.unesp.br/handle/123456789/41550>. Acesso em: 15 jun. 2024.

DARIDO, S. C.; RANGEL, I. C. A. (Coord.). **Educação física na escola**: implicações para a prática pedagógica. Rio de Janeiro: Guanabara Koogan, 2008.

DAWSON, G.; MCPARTLAND, J. C.; OZONOFF, S. **Autismo de alto desempenho**. Tradução de Luis Reyes Gil. 2. ed. Belo Horizonte: Autêntica, 2020.

DIAS, C. A. G. Notas e definições sobre esporte, lazer e natureza. **Licere**, Belo Horizonte, v. 10, n. 3, p. 1-36, dez. 2007. Disponível em: <https://periodicos.ufmg.br/index.php/licere/article/view/922>. Acesso em: 25 maio 2024.

DIAS, C. A. G.; MELO, V. A.; ALVES JUNIOR, E. D. Os estudos dos esportes na natureza: desafios teóricos e conceituais. **Revista Portuguesa de Ciências do Desporto**, Porto, v. 7, n. 3, p. 358-367, 2007. Disponível em: <https://rpcd.fade.up.pt/_arquivo/artigos_soltos/vol.7_nr.3/1-09.pdf>. Acesso em: 15 jun. 2024.

DIEGUES, A. C. S. **O mito moderno da natureza intocada**. 3. ed. São Paulo: Hucitec, 2001.

DUMAZEDIER, J. **Valores e conteúdos culturais do lazer**: planejamento de lazer no Brasil. São Paulo: Sesc, 1980.

DUNNING, E.; ELIAS, N. **A busca da excitação**. Tradução de Maria Manuela Almeida e Silva. Lisboa: Difel, 1992.

ELIAS, N. **Introdução à sociologia**. Tradução de Maria Luísa Ribeiro Ferreira. Lisboa: Edições 70, 2005.

FALCÃO, T. B. C. **Jogos olímpicos e esportes de aventura**: a inclusão do Surfe na edição Tóquio 2020. 99 f. Dissertação (Mestrado em Ciências) – Universidade de São Paulo, São Paulo, 2020. Disponível em: <https://www.teses.usp.br/teses/disponiveis/100/100139/tde-02032020-111724/pt-br.php>. Acesso em: 15 jun. 2024.

FEITOSA, L. A. Conhecendo montanhismo e a escalada em rocha. **EFDeportes.com – Revista Digital**, Buenos Aires, v. 15, n. 154, mar. 2011. Disponível em: <https://www.efdeportes.com/efd154/conhecendo-montanhismo-e-a-escalada-em-rocha.htm>. Acesso em: 17 fev. 2024.

FERNANDES, L. Afinal o que é montanhismo? Definições práticas de alpinismo, andinismo e himalaísmo. **Blogdescalada.com**, 5 set. 2017a. Disponível em: <https://blogdescalada.com/afinal-o-que-e-montanhismo-definicoes-praticas-de-alpinismo-andinismo-e-himalaismo/>. Acesso em: 17 fev. 2024.

FERNANDES, L. Saiba qual a diferença entre hiking e trekking na prática do montanhismo. **Blogdescalada.com**, 23 ago. 2016. Disponível em: <https://blogdescalada.com/saiba-qual-a-diferenca-entre-hiking-e-trekking-na-pratica-do-montanhismo/>. Acesso em: 17 fev. 2024.

FERNANDES, L. Vocabulário da escalada: Quais são os tipos de agarras que existem? **Blogdescalada**, 2017b. Disponível em: <https://blogdescalada.com/vocabulario-da-escalada-quais-sao-os-tipos-de-agarras-que-existem/>. Acesso em: 17 dez. 2023.

FIGUEIREDO, J. P. et al. (Org.). **Atividades de aventura**: vivências para diferentes faixas etárias. São Paulo: Supimpa, 2018.

FIGUEIREDO, J. P.; SCHWARTZ, G. M. Atividades de aventura e educação ambiental como foco nos periódicos da área de Educação Física. **Motriz – Revista de Educação Física**, Rio Claro, v. 19, n. 2, p. 467-479, abr./jun. 2013. Disponível em: <https://www.scielo.br/j/motriz/a/C87qkKKYTZzYFrZgFnTZbHb/abstract/?lang=pt>. Acesso em: 18 fev. 2024.

FREIRE, J. B. **Educação de corpo inteiro**: teoria e prática da educação física. 4. ed. São Paulo: Scipione, 1994.

FREIRE, M. **Mergulho "livre"**: desvelando emoções e sensações. 150 f. Dissertação (Mestrado em Ciências da Motricidade) – Universidade Estadual Paulista, Rio Claro, 2005. Disponível em: <https://repositorio.unesp.br/items/cac963c7-d429-4a40-8226-2aa0cb5b246e>. Acesso em: 17 fev. 2024.

GALLAHUE, D. L.; OZMUN, J. C.; GOODWAY, J. D. **Compreendendo o desenvolvimento motor**: bebês, crianças, adolescentes e adultos. Tradução de Denise Regina de Sales. Porto Alegre: AMGH, 2013.

GIMENEZ, R. Atividade física e deficiência intelectual. In: GREGUOL, M.; COSTA, R. F. (Org.). **Atividade física adaptada**: qualidade de vida para pessoas com necessidades especiais. 4. ed. Barueri: Manole, 2019. p. 78-129.

GOMES, M. et al. Conhecimento sobre o transtorno do déficit de atenção/hiperatividade no Brasil. **Jornal Brasileiro de Psiquiatria**, v. 56, n. 2, p. 94-101, 2007. Disponível em: <https://www.scielo.br/j/jbpsiq/a/m3vLydYvV5rdGmCkBfZjyRd/>. Acesso em: 15 jun. 2024.

GONÇALVES, J. et al. Atividades de aventura na educação física escolar: uma análise nos periódicos nacionais. **Revista Pensar a Prática**, v. 23, 2020. Disponível em: <https://revistas.ufg.br/fef/article/download/55858/34761/280709>. Acesso em: 15 jun. 2024.

GORGATTI, M. G.; TEIXEIRA, L. Deficiência motora. In: TEIXEIRA, L. (Org.). **Atividade física adaptada e saúde**: da teoria à prática. São Paulo: Phorte, 2008.

GORGATTI, M. G.; TEIXEIRA, L.; VANÍCOLA, M. C. Deficiência visual. In: TEIXEIRA, L. (Org.). **Atividade física adaptada e saúde**: da teoria à prática. São Paulo: Phorte, 2008. p. 399-412.

GRECO, C. C. O treinamento físico e as atividades na natureza. In: SCHWARTZ, G. M. (Org.). **Aventuras na natureza**: consolidando significados. Jundiaí: Fontoura; 2006. p. 25-37.

GREGUOL, M.; BÖHME, M. T. S. Atividade física e a lesão da medula espinhal. In: GREGUOL, M.; COSTA, R. F. (Org.). **Atividade física adaptada**: qualidade de vida para pessoas com necessidades especiais. 4. ed. Barueri: Manole, 2019.

GULLONE, E.; MOORE, S. Adolescent Risk-taking and the Five-factor Model of Personality. **Journal of Adolescence**, v. 23, n. 4, p. 393-407, Aug. 2000.

HANNAFORD, C. **Smart Moves**: Why Learning is Not All in Your Head. Virginia: Great Ocean Publishers, 1995.

HERCULES, E. D. **Diretrizes curriculares e planejamento para a educação física escolar**. Curitiba: Contentus, 2018.

HUIZINGA, J. **Homo Ludens**: o jogo como elemento da cultura. Tradução de João Paulo Monteiro. São Paulo: Perspectiva, 1971.

IFSC – International Federation of Sport Climbing. **Rules 2023**. Mar., 2023. Disponível em: <https://images.ifsc-climbing.org/ifsc/image/private/t_q_good/prd/y8rbz5wvclz31na8qs2s.pdf>. Acesso em: 17 fev. 2024.

INÁCIO, H. L. D. et al. Práticas corporais de aventura na escola: possibilidades e desafios – reflexões para além da Base Nacional Comum Curricular. **Motrivivência**, Florianópolis, v. 28, n. 48, p. 168-187, set. 2016. Disponível em: <https://periodicos.ufsc.br/index.php/motrivivencia/article/view/2175-8042.2016v28n48p168>. Acesso em: 15 jun. 2024.

ISAYAMA, H. F. (Org.). **Lazer em estudo**: currículo e formação profissional. Campinas: Papirus, 2010.

JONES, C. Interdisciplinary Approach-Advantages, Disadvantages, and the Future Benefits of Interdisciplinary Studies. **Essai**, v. 7, n. 1, p. 75-81, 2010.

JORGE, R. R. **Manual de mergulho**. Rio de Janeiro: Interciência, 2012.

KUNREUTHER, F. T. **Educação ao ar livre pela aventura**: o papel da experiência e o aprendizado de valores morais em expedições à natureza. 182 f. Dissertação (Mestrado em Educação Física) – Universidade de São Paulo, São Paulo, 2011. Disponível em: <https://www.teses.usp.br/teses/disponiveis/39/39133/tde-26052011-101118/pt-br.php>. Acesso em: 15 jun. 2024.

LEE, J.; ZHANG, T. The Impact of Adventure Education on Students' Learning Outcomes in Physical Education: a Systematic Review. **Journal of Teaching, Research, and Media in Kinesiology**, v. 5, p. 23-32, May 2019.

LIMA, J. T. S. et al. Trekking como prática pedagógica em espaços amazônicos: uma perspectiva aos institutos federais. **Educação Profissional e Tecnológica em Revista**, v. 4, n. especial, p. 38-54, 2020. Disponível em: <https://ojs.ifes.edu.br/index.php/ept/article/view/633>. Acesso em: 15 jun. 2024.

MARANTE, W. O.; SANTOS, M. C. Metodologia de ensino da educação física: reflexão e mudanças a partir da pesquisa ação. **Revista Mackenzie de Educação Física e Esporte**, v. 7, n. 2, p. 69-83, 2008. Disponível em: <https://editorarevistas.mackenzie.br/index.php/remef/article/view/583>. Acesso em: 15 jun. 2024.

MARCELLINO, N. C. **Lazer e educação**. 6. ed. Campinas: Papirus, 2000.

MARCHI, K. B. **Do surf ao tow-in**: do processo civilizador à sociedade de risco. 173 f. Tese (Doutorado em Educação Física) – Universidade Federal do Paraná, Curitiba, 2017. Disponível em: <https://acervodigital.ufpr.br/handle/1884/47361/>. Acesso em: 17 fev. 2024.

MARINHO, A. Atividades recreativas e ecoturismo: a natureza como parceira no brincar. In: SCHWARTZ, G. M. (Org.). **Atividades recreativas**. Rio de Janeiro: Guanabara Koogan, 2004. p. 1-16.

MARTINS, E. As diferenças entre os tipos de trekking. **Webventure**. Disponível em: <https://www.webventure.com.br/as-diferencas-entre-os-tipos-de-trekking/>. Acesso em: 17 fev. 2024.

MATTES, V. V. et al. Discussões acerca do conceito de trekking. In: CONGRESSO BRASILEIRO DE CIÊNCIAS DO ESPORTE, 22.; CONGRESSO INTERNACIONAL DE CIÊNCIAS DO ESPORTE, 9.; 2021, Belo Horizonte.

MCALLISTER; M. E. Rhetoric, the Pox, and the Grand Tour. **Eighteenth-Century Life**, v. 45, n. 2, p. 1-23, 2021.

MICHAILOV, M. L. Workload Characteristics, Performance Limiting Factors and Methods for Strength and Endurance Training in Rock Climbing. **Medicina Sportiva**, v. 18, n. 3, p. 97-106, 2014.

MONTEIRO, L. Educação física no ensino médio: um direito ameaçado. **Revista de Iniciação à Docência**, v. 6, n. 1, 2021. Disponível em: <https://periodicos2.uesb.br/index.php/rid/article/view/8450/6024>. Acesso em: 26 jun. 2024.

MORIZOT, J.; KAZEMIAN, L. (Ed.). **The Development of Criminal and Antisocial Behavior**: Theory, Research and Practical Applications. New York: Springer, 2015.

MUNSTER, M. A. V.; ALMEIDA, J. J. G. Atividade física e deficiência visual. In: GREGUOL, M.; COSTA, R. F. (Org.). **Atividade física adaptada**: qualidade de vida para pessoas com necessidades especiais. 4. ed. Barueri: Manole, 2019. p. 30-77.

MURCIA, J. A. M. **Aprendizagem através do jogo**. Porto alegre: Artmed, 2005.

NABEIRO, M.; SILVA, F. C. T. da. Atividade física e transtorno do espectro autista. In: GREGUOL, M.; COSTA, R. F. (Org.). **Atividade física adaptada**: qualidade de vida para pessoas com necessidades especiais. 4. ed. Barueri: Manole, 2019. p. 97-122.

NEIRA, M. G. Incoerências e inconsistências da BNCC de Educação Física. **Revista Brasileira de Ciências do Esporte**, v. 40, n. 3, p. 215-223, 2018. Disponível em: <https://www.scielo.br/j/rbce/a/m5NJPS7PQnCCxZZtCsdjsqL/>. Acesso em: 15 jun. 2024.

NODA, L. M. Escalada. In: SCOPEL, A. J. S. G. et al. **Atividades físicas alternativas**: práticas corporais de aventura. Curitiba: InterSaberes, 2020.

OLIVEIRA JUNIOR, A. F.; BITENCOURT, M. B. Valoração econômica das atividades de turismo de aventura: estudo de caso – Brotas, SP. CONGRESSO DA SOCIEDADE BRASILEIRA DE ECONOMIA, ADMINISTRAÇÃO E SOCIOLOGIA RURAL – SOBER, 43., Belo Horizonte, p. 1-13, 2003.

PAIXÃO, J. A. Esporte de aventura como conteúdo possível nas aulas de educação física escolar. **Motrivivência**, v. 29, n. 50, p. 170-182, maio 2017. Disponível em: <https://periodicos.ufsc.br/index.php/motrivivencia/article/view/2175-8042.2017v29n50p170>. Acesso em: 15 jun. 2024.

PAIXÃO, J. A.; TUCHER, G. Risco e aventura por entre as montanhas de Minas: a formação do profissional de esporte de aventura. **Revista Pensar a Prática**, v. 13, n. 3, p. 1-19, set./dez. 2010. Disponível em: <https://revistas.ufg.br/fef/article/view/10703>. Acesso em: 18 fev. 2024.

PASA, G. G. **Impulsividade, busca de sensações e comportamento de risco no trânsito**: um estudo comparativo entre condutores infratores e não infratores. 139 f. Dissertação (Mestrado em Ciências Médicas: Psiquiatria) – Universidade Federal do Rio Grande do Sul, Porto Alegre, 2013. Disponível em: <https://lume.ufrgs.br/handle/10183/78526>. Acesso em: 17 fev. 2024.

PEDRINELLI, V. J.; VERENGUER, R. C. G. Educação física adaptada: introdução ao universo das possibilidades. In: GREGUOL, M.; COSTA, R. F. (Org.). **Atividade física adaptada**: qualidade de vida para pessoas com necessidades especiais. 4. ed. Barueri: Manole, 2019. p. 1-27.

PEREIRA, D. W. **Escalada**. São Paulo: Odysseus, 2007.

PEREIRA, D. W.; AMBRUST, I. **Pedagogia da aventura**: os esportes radicais, de aventura e de ação na escola. Várzea Paulista: Fontoura, 2010.

PEREIRA, D. W.; MANOEL, M. L. O treinamento de escaladores de competição do Estado de São Paulo. **Revista Mineira de Educação Física**, Viçosa, v. 17, n. 1, p. 100-115, 2008.

PEREIRA, D. W. (Org.). **Pedagogia da aventura na escola**: proposições para a Base Nacional Comum Curricular. Várzea Paulista: Fontoura, 2019.

PEREIRA, D. W.; SOUTO MAIOR, Y. B.; RAMALLO, B. T. Perfil das mulheres escaladoras brasileiras, entre homens e montanhas. **Movimento**,

v. 26, p. 1-14, 2020. Disponível em: <https://seer.ufrgs.br/Movimento/article/view/104869>. Acesso em: 18 fev. 2024.

PEREIRA, D. W.; URIBE, A. Jogos de orientação na escola. In: PEREIRA, D. W. (Org.). **Pedagogia da aventura na escola**: proposições para a Base Nacional Comum Curricular. Várzea Paulista: Fontoura, 2019.

PETERSON, J. A.; HRONEK, B. B. **Risk Management for Park, Recreation, and Leisure Services**. 3. ed. Champaign-EUA: Sagamore, 1997.

PFITZNER, M. **Das Risiko im Schulsport**: Analysen zur Ambivalenz Schulsportlicher Handlungen und Folgerungen für die Sicherheitsförderung in den Sportspielen. Münster: Lit., 2001.

PIAGET, J. A **formação do símbolo na criança**: imitação, jogo e sonho, imagem e representação. Tradução de Alvaro Cabral. Rio de Janeiro: J. Zahar, 1971.

PIMENTA, S. G. **Saberes pedagógicos e atividade docente**. 5. ed. São Paulo: Cortez, 2007.

PIMENTEL, G. G. A. Educação ambiental e na natureza. In: AWAD, H. Z. A.; PIMENTEL, G. G. A (Org.). 2. ed. **Recreação total**. Várzea Paulista: Fontoura, 2019.

PIMENTEL, G. G. A. Esportes e lazer no turismo rural. In: MARINHO, A.; BRUHNS, H. T. (Org.). **Turismo, lazer e natureza**. Barueri: Manole, 2003.

PIMENTEL, G. G. A. Esportes na natureza e atividades de aventura: uma terminologia aporética. **Revista Brasileira de Ciências do Esporte**, Florianópolis, v. 35, n. 3, p. 687-700, jul./set. 2013. Disponível em: <https://www.scielo.br/j/rbce/a/w4WmkyJMtPrGCYCbmhSkcyP/?format=pdf&lang=pt>. Acesso em: 17 fev. 2024.

PIMENTEL, G. G. A. Skate. In: SCOPEL, A. J. S. G. et al. **Atividades físicas alternativas**: práticas corporais de aventura. Curitiba: InterSaberes, 2020. p. 123-158.

PIMENTEL, G. G. A.; AWAD, H. A. Z. Ensino do slackline a partir das microaventuras. In: PIMENTEL, G. G. A.; LEÃO JUNIOR, C. M. (Org.). **A aventura de ensinar aventura**. Maringá: Clube dos Recreadores, 2022. p. 45-55.

PIMENTEL, G. G. A.; MELO, R. J. E. S. Gestão do risco e da segurança em desportos de aventura natureza: regulamentação, normalização e certificação: o caso brasileiro. **Turismo e Desporto na Natureza**, v. 1, p. 1-16, 2013.

RHEINBERG, F.; VOLLMEYER, R.; ROLLETT, W. Motivation and Action in Self-Regulated Learning. In: BOEKAERTS, M.; PINTRICH, P. R.; ZEIDNER, M. (Ed.). **Handbook of Self-Regulation**. San Diego, CA: Academic Press, 2000. p. 503-530.

ROCHA, G. B. **Vila propício**: um olhar diagnóstico sobre a prática do turismo de aventura. 48 f. Monografia (Bacharelado em Turismo) – Universidade de Brasília, Brasília-DF, 2018. Disponível em: <https://bdm.unb.br/bitstream/10483/21794/1/2018_GabrielBarrosoRocha_tcc.pdf>. Acesso em: 18 fev. 2024.

ROHDE, L. A. et al. Transtorno de déficit de atenção/hiperatividade. **Jornal Brasileiro de Psiquiatria**, v. 22, p. 7-11, 2000. Disponível em: <https://www.scielo.br/j/rbp/a/zsRj5Y4Ddgd4Bd95xBksFmc/>. Acesso em: 15 jun. 2024.

ROMAR JAN-ERIK et al. Physical activity and sedentary behaviour during outdoor learning and traditional indoor school days among Finnish primary school students. **Journal of Adventure Education & Outdoor Learning**, v. 19, n. 1, June, 2018.

SANTOS, J. P. et al. Esportes e atividades de aventura como conteúdo das aulas de Educação Física. **EFDeportes.com – Revista Digital**, Buenos Aires, ano 18, n. 190, mar. 2014. Disponível em: <https://www.efdeportes.com/efd190/atividades-de-aventura-como-conteudo-das-aulas.htm>. Acesso em: 15 jun. 2024.

SANTOS, S.; AWAD, H. Z. A.; PIMENTEL, G. G. A. Recreação na encruzilhada entre Teoria (do Lazer) e intervenção (na Educação Física). In: MARTINS, R. L del R. (Org.). **Desafios contemporâneos para a Educação Física brasileira**. Curitiba: CRV, 2020. p. 181-206.

SCHWARTZ, G. M. O corpo sensível como espaço ecológico. **Motus Corporis**, Rio de Janeiro, v. 8, n. 2, p. 49-54, 2001.

SCOPEL, A. J. S. G. et al. **Atividades físicas alternativas**: práticas corporais de aventura. Curitiba: InterSaberes, 2020.

SIBTHORP, J. et al. Fostering Experiential Self-Regulation Through Outdoor Adventure Education. **Journal of Experiential Education**, v. 38, n. 1, p. 26-40, 2015.

SILVA, B. A. T.; PEREIRA, D. W.; SILVA, S. A. P. S. Esportes radicais na educação física: da compreensão de um conceito à formação profissional. In: SILVA, B. A. T.; MALDONADO, D. T.; OLIVEIRA, L. P. (Org.). **Manifestações culturais radicais nas aulas de educação física escolar**. Curitiba: CVR, 2016. p. 33-46.

SILVA, C. C. **Práticas corporais de aventura nos anos iniciais**: a organização e a sistematização curricular nas aulas de Educação Física. 173 f. (Mestrado em Educação Física) – Universidade Federal do Rio Grande do Norte, Natal, 2020. Disponível em: <https://nova-escola-producao.s3.amazonaws.com/PjkgeSwqmNpkRXpbKM94ShzWdue6MJeKbzUTzP4KAPYY7w3APVHtnR7nT9fT/praticas-corporais-de-aventura-cybelecamara.pdf>. Acesso em: 10 jun. 2024.

SILVA, M. R.; PIMENTEL, G. G. A.; SCHWARTZ, G. M. **Dimensões teórico-práticas da recreação e do lazer**. Curitiba: InterSaberes, 2021.

SILVA, R. H. R.; SOUSA, S. B.; VIDAL, M. H. C. Dilemas e perspectivas da educação física diante do paradigma da inclusão. **Pensar a prática**, v. 11, n. 2, p. 125-135, maio/ago. 2008. Disponível em: <https://revistas.ufg.br/fef/article/view/1793/4089>. Acesso em: 15 jun. 2024.

SPINK, M. J. P. Trópicos do discurso sobre risco: risco-aventura como metáfora na modernidade tardia. **Cadernos de Saúde Pública**, Rio de Janeiro, v. 17, n. 6, p. 1277-1311, nov./dez. 2001. Disponível em: <https://www.scielo.br/j/csp/a/FvZ7tVJJLjFtT3Pky8Rv76d/?format=pdf&lang=pt>. Acesso em: 18 fev. 2024.

SPINK, M. J. P.; ARAGAKI, S. S.; ALVES, M. P. Da exacerbação dos sentidos no encontro com a natureza: contrastando esportes radicais e turismo de aventura. **Psicologia – Reflexão e Crítica**, v. 18, n. 1, p. 26-38, abr. 2005. Disponível em: <https://www.scielo.br/j/prc/a/mYFMj96QbckmkBFgG8kX8bs/abstract/?lang=pt>. Acesso em: 18 fev. 2024.

STEBBINS, R. A. **The Idea of Leisure**: First Principles. New Brunswick, EUA: Transaction, 2012.

TAHARA, A. K.; CARNICELLI FILHO, S. A presença das atividades de aventura nas aulas de educação física. **Arquivo de Ciências do Esporte**, v. 1, n. 1, p. 60-66, 2013. Disponível em: <https://seer.uftm.edu.br/revistaeletronica/index.php/aces/article/view/245>. Acesso em: 17 fev. 2024.

TARDIF, M. **Saberes docentes e formação profissional**. 5. ed. Petrópolis: Vozes, 2002.

TEODORO, A. P. E. G. **PILAC**: programa de intervenções lúdicas no âmbito corporativo. 262 f. Tese (Doutorado em Ciências da

Motricidade) – Universidade Estadual Paulista "Júlio de Mesquita Filho", Rio Claro, 2017. Disponível em: <https://repositorio.unesp.br/items/a724b99e-a767-4e18-8517-ae4f8bf61f66>. Acesso em: 15 jun. 2024.

THE MOUNTAINEERS. **What are the Ten Essentials?** Oct. 2020. Disponível em: <https://www.mountaineers.org/blog/what-are-the-ten-essentials>. Acesso em: 17 fev. 2024.

THOMASSEN, B.; BALLE, M. From Liminoid to Limivoid: Understanding Contemporary Bungee Jumping from a Cross-Cultural Perspective. **Journal of Tourism Consumption and Practice**, v. 4, n. 1, p. 59-93, 2012.

THOMPSON, S. C. G.; BARTON, M. A. Ecocentric and Anthropocentric Attitudes Toward the Environment. **Journal of Environmental Psychology**, London, v. 14, n. 2, p. 149-157, Jun. 1994.

TOGUMI, W. A corrida de aventura. In: FONSECA, C. **Corrida de aventura**: a natureza é nosso desafio. São Paulo: Labrador, 2017. p. 13-25.

UVINHA, R. R. **Juventude, lazer e esportes radicais**. Barueri: Manole, 2001.

VARA, M. F. F. Outras manifestações na educação física adaptada. In: VARA, M. F. F.; CIDADE, R. E. **Educação física adaptada**. Curitiba: InterSaberes, 2020.

VARA, M. F. F; CIDADE, R. E. **Educação física adaptada**. Curitiba: InterSaberes, 2020.

VIEIRA, K. M. et al. Os temas transversais na Base Nacional Comum Curricular: da legislação à prática. **Educação – Teoria e Prática**, Rio Claro, v. 32, n. 65, 2022. Disponível em: <https://www.periodicos.rc.biblioteca.unesp.br/index.php/educacao/article/view/15719>. Acesso em: 15 jun. 2024.

VYGOTSKY, L. S.; LURIA, A. R.; LEONTIEV, A. N. **Linguagem, desenvolvimento e aprendizagem**. Tradução de Maria da Penha Villalobos. São Paulo: Ícone, 1988.

WINNICK, J. P. **Educação física e esportes adaptados**. Tradução de Fernando Augusto Lopes. Barueri: Manole, 2004.

ZABALA, A. **A prática educativa**: como ensinar. Tradução de Ernani F. da F. Rosa. Porto Alegre: Artmed, 1998.

Bibliografia comentada

FONSECA, C. **Corrida de aventura**: a natureza é nosso desafio. São Paulo: Labrador, 2016. E-book.

Um atleta está constantemente desafiando seus próprios limites em competições. Treinamentos intensivos, perseverança e concentração são fundamentais em qualquer modalidade esportiva. No entanto, para as tão conhecidas corridas de aventura, a equipe precisa de muito mais do que isso – não apenas para alcançar a vitória, mas também para simplesmente sobreviver. Organização, tolerância, cooperação mútua, além de uma resistência física e mental extraordinária, são indispensáveis para superar os desafios impostos pelo corpo e pela natureza.

Com uma vasta experiência em corridas de aventura, Caco Fonseca compartilha nessa obra as dificuldades e as alegrias vivenciadas ao longo de doze das muitas provas que já participou. Por meio de relatos envolventes sobre os diversos obstáculos enfrentados nas modalidades de canoagem, escalada, corrida e *mountain bike*, o livro promete deixar o leitor sem fôlego.

JONES, C. Interdisciplinary Approach-Advantages, Disadvantages, and the Future Benefits of Interdisciplinary Studies. **Essai**, v. 7, n. 1, p. 75-81, 2010.

Esse artigo contribuirá para o estudo da temática envolvendo especificamente a transdisciplinaridade. Nele, o autor aborda (entre muitos outros temas) a necessidade de evoluirmos de uma metodologia tradicional, que se concentra especificamente em uma disciplina por vez, para métodos de ensino interdisciplinares. Vale a leitura!

MONTEIRO, S. V. **Lazer, subjetivação e amizade**: potencialidades das práticas corporais de aventura na natureza. Natal: IFRN, 2008.

O texto aborda a reflexão sobre as atividades corporais praticadas como lazer e aventura em ambientes naturais, especialmente aquelas ligadas ao montanhismo. Busca-se compreendê-las no contexto das formas contemporâneas de interação social e processos de formação de identidade pessoal, questionando os laços sociais que surgem a partir dessa interação. O foco está em explorar essas experiências recreativas e sua vivência, relacionando-as aos processos contemporâneos de construção de identidade pessoal e formas de interação social, com especial atenção às relações de amizade. No contexto da crescente popularidade das atividades corporais de aventura na natureza, são examinados aspectos que as distinguem das práticas atléticas convencionais do esporte moderno, seja na relação dos indivíduos com seus próprios corpos, seja na relação com o ambiente em que se desenvolvem. Essas mudanças, aparentemente isoladas, parecem estar intimamente ligadas a transformações mais amplas na experiência humana em relação ao mundo. O envolvimento nessas atividades recreativas coletivas pode proporcionar uma experiência enriquecedora para a renovação do vínculo entre o indivíduo, os outros e a natureza, possibilitando a busca por novas formas de construção de identidade coletiva e, potencialmente, resultando em amizades mais autênticas e criativas.

SILVA, C. C. **Práticas corporais de aventura nos anos iniciais**: a organização e a sistematização curricular nas aulas de Educação Física. 173 f. Dissertação (Mestrado em Educação Física) – Universidade Federal do Rio Grande do Norte, Natal, 2020. Disponível em: <https://repositorio.ufrn.br/handle/123456789/29609>. Acesso em: 10 jun. 2024.

A dissertação de mestrado de Cybele Câmara da Silva traz uma ampla abordagem das práticas corporais de aventura. Fundamentando-se na Base Nacional Comum Curricular (BNCC), a autora discute essa unidade temática e propõe sua ampliação para os anos iniciais do ensino fundamental como proposta para o currículo da Rede Municipal de Natal. Trata-se de uma pesquisa realizada em uma escola pública, com alunos de 4º e 5º anos, e que pode servir de base para o professor de Educação Física desenvolver atividades pedagógicas de *skate*, patins, *bike*, *slakline*, trilhas, orientação, entre outras, em sua unidade escolar.

Respostas

Capítulo 1

Atividades de autoavaliação

1. a
2. V, V, V, F, F
3. b
4. V, F, V, V, V
5. b

Capítulo 2

Atividades de autoavaliação

1. e
2. c
3. b
4. d
5. b

Capítulo 3

Atividades de autoavaliação

1. c
2. a
3. d
4. c
5. b

Capítulo 4

Atividades de autoavaliação

1. d
2. V, V, V, F, V
3. a
4. V, F, V, F, V
5. F, V, F, V, V

Capítulo 5

Atividades de autoavaliação

1. V, F, V, V, V
2. d
3. F, V, F, V, V
4. a
5. V, V, V, V, F

Capítulo 6

Atividades de autoavaliação

1. a
2. d
3. b
4. c
5. d

Sobre os autores

Emerson Liomar Micaliski
Doutorando em Educação Física na Universidade Federal do Paraná (UFPR). Graduado em Educação Física pela Pontifícia Universidade Católica do Paraná (PUCPR). Especialista em Educação Física Escolar e Formação Docente para EAD pelo Centro Universitário Internacional Uninter. Mestre em Teologia e Sociedade pela PUCPR, com pesquisa voltada às manifestações de fé e religiosidade de atletas de futebol. Atualmente, é professor do Centro Universitário Internacional Uninter e da Secretaria Municipal da Educação de Curitiba.

Erick Doner Santos de Abreu Garcia
Doutorando em Atividade Física e Saúde pela Universidade Federal do Paraná (UFPR). Mestre em Desempenho Esportivo pela UFPR. Especialista em Fisiologia do Exercício pela UFPR. Bacharel em Educação Física pela Universidade Dom Bosco.

Giuliano Gomes de Assis Pimentel
Doutor e mestre em Educação Física pela Universidade Estadual de Campinas (Unicamp). Bacharel e licenciado em Educação Física pela Universidade Federal de Viçosa (UFV). Docente da Universidade Estadual de Maringá (UEM) na graduação e na pós-graduação (mestrado e doutorado). Coordenador do Grupo de Estudos do Lazer (GEL) e da Escola de Aventuras.

Marcos Ruiz da Silva
Doutor em Educação Física pela Universidade Estadual de Maringá (UEM). Mestre em Educação Física pela Universidade Federal do Paraná (UFPR). Graduado em Educação Física pela Universidade Estadual de Londrina (UEL). Tem especializações na área de Educação Física Escolar e Administração de Recursos Humanos. Tem experiência em gestão e planejamento de projetos de esporte e lazer nos segmentos privado e público. Atuou como gestor de clubes sociorrecreativos por 20 anos. É professor no Centro Universitário Internacional Uninter há 13 anos e coordena a área de Linguagens Cultural e Corporal. Desenvolve estudos ligados com lazer, gestão – mais especificamente de clubes sociorrecreativos –, atividades corporais na natureza e Educação Física à distância. Pertence aos grupos de pesquisa: Educação Física EaD: Cenários e Perspectivas; Laboratório de Gestão das Experiências de Lazer (Lagel) e Grupo de Estudos do Lazer (GEL).

Mayara Torres Ordonhes
Doutora, mestra e bacharela em Educação Física pela Universidade Federal do Paraná (UFPR), com período de especialização durante o mestrado na Universidade de Estrasburgo (Université de Strasbourg) e de trabalho em tempo integral durante o doutorado na Western Norway University of Applied Sciences (HVL). Licenciada em Educação Física pela Universidade Estadual de Ponta Grossa (UEPG). Pesquisadora acadêmica no Instituto de Pesquisa Inteligência Esportiva (IPIE) da UFPR.

Impressão:
Julho/2024